探秘『汉字朋友圈』

特级教师的64堂『字谱识字』课

孟强 著

子

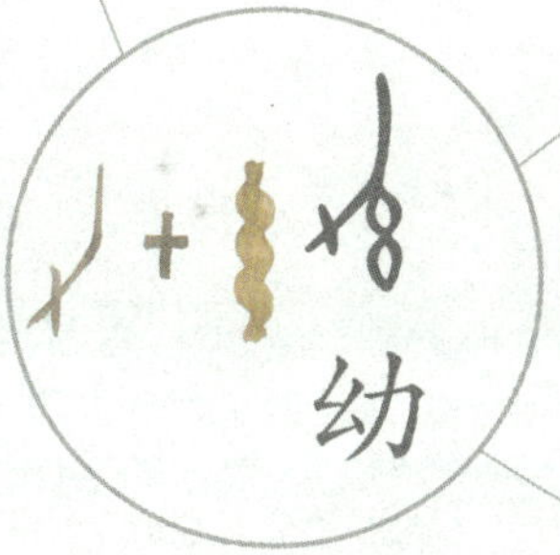

幼

夫

学

男

兵

中国言实出版社

图书在版编目（CIP）数据

探秘"汉字朋友圈"：特级教师的64堂"字谱识字"
课 / 孟强著. -- 北京：中国言实出版社，2023.3
　　ISBN 978-7-5171-4425-0

　　Ⅰ.①探… Ⅱ.①孟… Ⅲ.①汉字—通俗读物 Ⅳ.
①H12-49

中国国家版本馆CIP数据核字（2023）第062322号

探秘"汉字朋友圈"——特级教师的64堂"字谱识字"课

责任编辑：史会美　　张天杨
责任校对：代青霞
彩绘插图：纪　斐

出版发行：中国言实出版社
　　　　　地　址：北京市朝阳区北苑路180号加利大厦5号楼105室
　　　　　邮　编：100101
　　　　　编辑部：北京市海淀区花园路6号院B座6层
　　　　　邮　编：100088
　　　　　电　话：010-64924853（总编室）　　010-64924716（发行部）
　　　　　网　址：www.zgyscbs.cn　　电子邮箱：zgyscbs@263.net

经　销：新华书店
印　刷：北京温林源印刷有限公司
版　次：2023年5月第1版　　2024年4月第2次印刷
规　格：710毫米×1000毫米　　1/16　　22印张
字　数：245千字

定　价：78.00元
书　号：ISBN 978-7-5171-4425-0

前 言

汉字是中华文化的根和魂。

习近平总书记指出:"文化是民族的血脉,是人民的精神家园。""博大精深的中华优秀传统文化是我们在世界文化激荡中站稳脚跟的根基。""文化自信,是更基础、更广泛、更深厚的自信。""没有高度的文化自信,没有文化的繁荣兴盛,就没有中华民族伟大复兴。"

2022年版《义务教育语文课程标准》将"文化自信"列为核心素养之首,将"语言文字积累与梳理"作为学习任务群的基础层级。《课程标准》明确提出"热爱国家通用语言文字,感受语言文字及作品的独特价值,认识中华文化的丰厚博大","通过观察、分析、整理,发现汉字的构字组词特点,掌握语言文字运用规范,感受汉字的文化内涵,奠定语文基础","引导学生在识字、写字、语言积累中感受中华文化的魅力,激发热爱中华文化的情感"。

我们知道,家有家谱,这是记录一个家族世系繁衍的重要史料。同理,汉字也是一个"大家族",看似独立的个体之间,其实存在着许多渊源和联系。如果能把汉字之间衍生演变的发展脉络还原和梳理出来,形成有关联、有进阶、有理趣的字谱,汉字学习就会因此而充满趣味,饶有兴味,独具品味。

《探秘"汉字朋友圈"——特级教师的64堂"字谱识字"课》一书,基于文化自信的时代背景,指向语言文字积累与梳理学习任务群的架构与实施,尝试改变"按部归类""逐字解读"的识字解字方式,提出"汉字朋友圈""字谱识字"等学习概念，统筹编排十个篇章、六十四个条目，每个条目包括"认识'主人公'""走进'朋友圈'""点亮'思维场'""梳理'关系图'"等四个学习板块，试图通过穿针引线、深入浅出、图文并茂的解读，力求还原和梳理汉字衍生演进的脉络，架起追根溯源、关联识字的桥梁，实现从纯粹识字到字理识字，再到字谱识字的"三度进阶"，让汉字学习有源头可对接，有谱系可寻访，有理趣可品味。以此启发引导学习者感受汉字的丰富内涵、强大基因和衍变渊源，进而热爱汉字、热爱中华文化，将文化自信落到实处。

　　汉字文化博大精深。在本书编纂过程中，我始终怀着文化朝圣的虔诚之心，博观、笃学、慎思、精研，孜孜矻矻，数易其稿。但是，由于自身学识有限，在篇章架构、字例遴选、字理解读等方面，难免有疏漏瑕疵之处，敬请专家和读者批评指正。

　　是为序。

孟　强
二〇二三年元月

目　录

第一章

人字篇

RENZIPIAN

1. 彬彬有礼的"人"

从今天起，我们要开启《汉字"朋友圈"》课程的学习。俗话说，"万事开头难"，我们的学习应当从哪里开始呢？对了，《道德经》中有言"知人者智，自知者明"，古希腊哲学家苏格拉底也曾说过"认识你自己"。两位东西方思想和文化的先哲都将"认识自我、知人识人"看作非常重要的事情。因此，我们的《汉字"朋友圈"》就从认识"人"开始吧！

甲骨文"人"是一个象形文字。这个"人"侧身站立，上身微微前倾，双手抱拳，正在向对方鞠躬施礼。举手投足，谦逊友善，使人如沐春风，展现了中华民族礼仪之邦的风采。在后来的演变过程中，前伸的手臂变成了撇，微倾的身躯变成了捺，形成了左右相互支撑的"人"。

甲骨文"人"　　　　楷书"人"

走进"朋友圈"

《三字经》中有句名言："三光者，日月星。三才者，天地人。"人生于天地之间，受日月之光华，得乾坤之正气，成为万物之灵。当上面那个侧身鞠躬的"人"转过身来面对世界，张开双臂拥抱万物的时候，他的胸襟更加广阔，他的能量更加强大。甲骨文"大"，表现的就是"人"伸展四肢、张开双臂、拥抱世界的样子。在后来的演变过程中，"张开的双臂"变成了横，弯曲的"双腿"更加伸展，定型为现在通用的"大"。

甲骨文"大"　　　　楷书"大"

做人要顶天立地，堂堂正正。甲骨文"天"，比甲骨文"大"的顶端多了一个"口"字，以突出"人"的"头部"及其上面的"天空"。后来，上部的"口"演变为"一"，与下部的"大"相组合，形成了现在通用的"天"。

甲骨文"天"　　　　楷书"天"

让我们转换视角，在"大"的脚下画一条横线，用来代表"人"所站立的这片厚重的土地。甲骨文"立"，就是"大"与横的组合体。在后来的演变过程中,上部的"大"变成了"京字头——亠"与"倒八头——丷"的组合体,再加上下部代表大地的"一",构成了现在通用的"立"。

甲骨文"立"　　　　楷书"立"

　　人是群居动物,当两个人肩并肩站立在一起时,就充满了团结的力量。甲骨文"并",就是两个"立"的组合体。在后来的演变过程中,两个"立"连为一体,形成了"竝",后演变为现在通用的"并"。

甲骨文"并"　　　楷书"竝"　　　楷书"并"

点亮"思维场"

　　从"人"到"大",从"大"到"天",从"天"到"立",从"立"到"并"……汉字不是孤立的个体,而是"一生二,二生三",由简到繁、由少到多,生生不息、绵绵不绝。本书基于这个视角,旨在试图还原和梳理汉字衍生演进的脉络,架起追根溯源、关联识字的桥梁。

　　我们在上面提到了"顶天立地"这个成语,还讲到了"天""立"这两个字。"天"和"立"都是由"大"演变而来的,"天"上部的横,就代表

"大"顶着的"天";"立"下部的横，就代表"大"站立的"地"。从这个意义上说，"天""立"二字的字理可以与"顶天立地"这个成语相互印证，彼此注解。

💡 梳理"关系图"

2. 成双成对的"人"

上一讲，我们从单个"人"开始，顺次梳理，落脚于两个"人"组成的"并"。在汉字家族里，像"并"这样由两个"人"组合而成的字，还有很多。

甲骨文"从"，再现了这样的情景：一个人走在前面，是领路人；另一个人紧随其后，是跟随者。他俩一前一后，亦步亦趋，这就是跟从的"从"。在后来的演变过程中，左边"人"的捺收缩，右边"人"的撇穿插，形成了结构更为紧凑的"从"。

甲骨文"从"　　　　　楷书"从"

走进"朋友圈"

甲骨文"比"与甲骨文"从"类似，也是由两个"人"组合而成，区别在于两个"人"的朝向。"从"的两个"人"面朝左，"比"的两个"人"面朝右。难怪古人说，"反从为比"。也就是说，把"从"水平翻转过来就是"比"。在后来的演变过程中，"比"的两个"人"的"下肢"向上回拢，定型为字形更为方正的"比"。

甲骨文"比"　　　楷书"比"

不论是"从"的亦步亦趋，还是"比"的并肩而立，都展现了两个"人"如影随形的亲密关系。但是，两个"人"的组合并非都是这样难舍难分，也有不理不睬的时候。甲骨文"北"，原意是背对背的"背"，由于"北"与"背"读音相近，就用来借指方向。后来，为了准确区分二者的意思，就在"北"的下部加上了表示身体的"月"，形成了"后背""脊背"的"背"。"北"则专门用来指示方向，写法上与"比"类似，下部收缩，字形更为紧凑。

甲骨文"北"　　　楷书"背"　　　楷书"北"

同样是背对背的两个"人"，还有彼此爱慕、紧紧偎依的时候。篆书"尼"，就是由亲密无间、紧靠在一起的两个"人"组合而成，左边的男子深情地回望着心仪的女子，右边的女子幸福地靠在男子的背上，本义是亲昵的"昵"。后来，以有无"日"字旁为标志，区分二者的字形。在写法上，"尼"的两个"人"分别演变为"尸"和"匕"，形成了半包围结构的字形。

篆书"尼"　　　　楷书"昵"　　　　楷书"尼"

孔子说："子生三年，然后免于父母之怀。"幼童时期，孩子与母亲的关系最为亲密。篆书"仔"，再现了"慈母背子"的情景：左侧的"人"代表俯身弓背的母亲，右侧的"子"代表趴在母亲后背上的孩子，孩子的手搭在母亲的肩膀上，紧紧地搂着母亲的脖颈，母亲用手托着孩子的双腿，让孩子趴在背上更加安稳。在后来的演变过程中，左侧的"人"变成了"亻"，右侧"子"的字形更加平正，定型为现在通用的"仔"。

篆书"仔"　　　　楷书"仔"

两个"人"的组合，还有面对面的姿势。甲骨文"卬"，左边的人高高在上，神色傲慢。右边的人双膝跪地，抬起头仰起脸，可怜巴巴地有所企求，突出了仰望的意思，正是"仰"的本字。在后来的演变过程中，"卬"的两个"人"的写法有所简化，形成了左高右低的布局，保留了仰望的视角。

甲骨文"印"　　　楷书"仰"　　　楷书"印"

甲骨文"化"，同样是由两个"人"组合而成。不过，这两个"人"的姿态完全相反，左边的人是正立的，右边的人是倒立的，当他们俩像太极图那样沿着圆形的轨迹旋转起来，彼此的姿态还可以不断地变化。在后来的演变过程中，左边的"人"变成了"亻"，右边的"人"变成了"匕"，组成了现在通用的"化"。

甲骨文"化"　　　　楷书"化"

点亮"思维场"

由"化"的造型和字理可以得到如下启示：组成"化"的两个"人"的姿态是不断变化的，汉字的字形乃至字义，也是不断演变和发展的。这一切，像极了我们生活的这个世界，时时刻刻都在变化。

梳理"关系图"

3. 翩翩起舞的 "人"

《毛诗序》说："情动于中而形于言，言之不足，故嗟叹之，嗟叹之不足，故咏歌之，咏歌之不足，不知手之舞之，足之蹈之也。"意思是说，当人们的内心情感难以用声音进行充分表达的时候，形神兼备的舞蹈就是表情达意的最佳方式。

甲骨文 "舞"，以 "大" 为主体，以牛尾为道具，字形直观生动，简洁明快。在后来的演变过程中，"舞" 变成了形声字，上部是表音的 "無" 的省写，去掉了 "灬"，在字理学上叫作省声；下部是代表双脚的 "舛"，突出了足蹈的特征，用来表示字义。二者组合起来，就是上声下形的 "舞"。

甲骨文 "舞"　　　　　楷书 "舞"

走进"朋友圈"

　　像"舞"这样，以"大"为基础，再加上相关的笔画或部件，可以衍生出许多新字，如"亦""夜""爽""夹"，等等。

　　咱们先来说"亦"。人体双臂与躯干相连之处的内侧被称作腋窝。甲骨文"亦"，是腋窝的"腋"的本字，字形以代表人体的"大"为主体，中间点缀着代表"腋窝"的"左右两点"。在后来的演变过程中，"大"的笔画有所分化，"左右两点"保留至今，组成了现在通用的"亦"。

| 甲骨文"亦" | 楷书"腋" | 楷书"亦" |

　　由于"亦"和"腋"的意思相通，腋下的"腋"与夜晚的"夜"读音相同，金文"夜"以"亦"为基础，并将表示夜晚的"月"融入其中，替换了"亦"右下部的"点"，组成了以"亦"表音、以"月"表意的形声字"夜"。在后来的演变过程中，"亦"和"月"融合得更加紧密，笔画也变得比较抽象，但依稀还能看出二者的痕迹。

| 金文"夜" | 楷书"夜" |

　　学会用火是人类文明进化的里程碑，可以用来驱赶野兽，也可以用来驱散黑暗，让生活充满光明和温暖。甲骨文"爽"，是光明、明亮的意思，中间依然是张开双臂的"大"，两侧是代表"光明"的火盆或灯盏。在后来的演变中，"大"的写法没有变化，左右两侧的"火盆"和"灯盏"变成了由两个"爻"组成的"焱（㸚）"，定型为现在通用的"爽"。

甲骨文"爽"　　　　楷书"爽"

　　甲骨文"夹"，由三个大小不一的"人"组合而成。中间的"大"代表个头最大的"人"，两侧各有一个体型较小的"人"。"大"张开双臂，可以挽起左右两侧的"人"，一起携手向前。左右两侧的"人"也可以挽起中间的"大"，成为左膀右臂，借以表示辅佐、协助的意思。在后来的演变过程中，中间的"大"没有变化，两边的"人"变成了"倒八——丷"与横的组合体，定型为现在通用的"夹"。

甲骨文"夹"　　　　楷书"夹"

　　看到由三个"人"组成的"夹"，自然会想到同样是由三个"人"组成的"众"。甲骨文"众"有两种写法，一是"日"与三个"人"的上下组合，表示众人"日出而作";二是省却上部的"日",直接写作三个"人"。不论哪种写法,三个"人"的组合方式都是一字排开。在后来的演变过程中,一字排开的组合方式变成了结构更为稳定的"品"字形的"众"。

甲骨文"众"1　　甲骨文"众"2　　楷书"众"

不论是"夹"还是"众",组合在一起的三个"人",彼此关系都非常融洽。但是,有人的地方就有江湖,就存在弱肉强食的丛林法则。金文"孱",左上部是一个身强力壮的"人",右下部是三个惊恐战栗的"子",两者之间形成了鲜明对比,突出了"子"的"孱弱"。在后来的演变中,左上部的"人"变成了"尸"字头,再加上右下部"品"字形结构的三个"子",组合形成了现在通用的"孱"。

金文"孱"　　　楷书"孱"

点亮"思维场"

在探究字理字源的过程中,可以带给我们许多有益的启示。比如,

"夹"启示我们，人与人之间要相互帮衬，在成就别人的同时成就自己，这
正是"己立立人，成人达己"。比如，"众"启示我们，人多力量大，彼此之
间要团结协作，这正是"人心齐，泰山移"。再比如，"孱"启示我们，祸福
轮回，善恶有报，人际交往要与人为善，切勿恃强凌弱，这正是"礼之用，
和为贵"。

梳理"关系图"

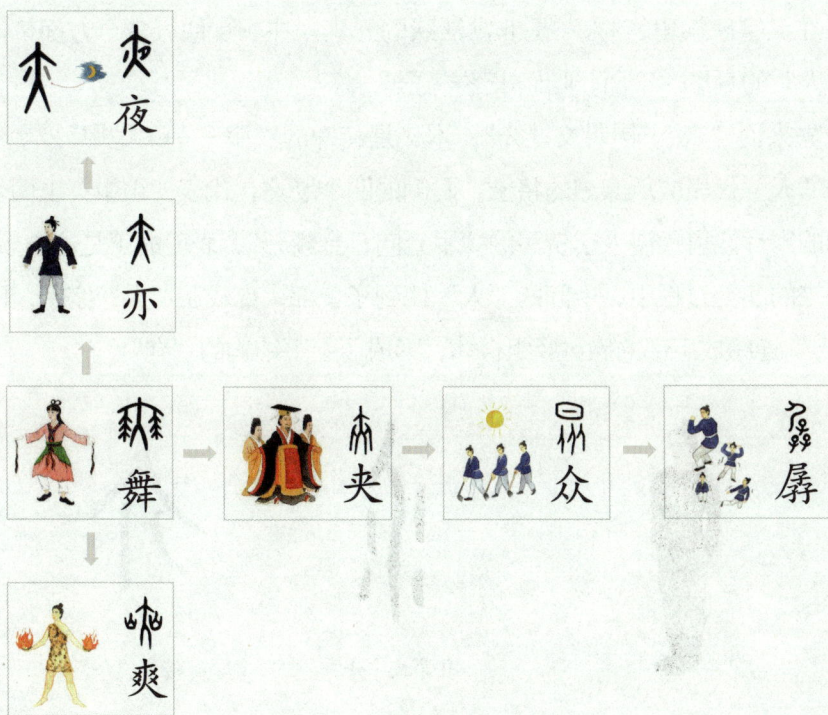

4.形形色色的"人"

🌟 认识"主人公"

　　在汉字家族里,"人"是非常活跃的元素。在衣食住行各个方面都能看到"人"的身影。下面,咱们来逐一了解一下。

　　先来说"衣"。甲骨文"介",本义是特殊的衣服——"铠甲",字形中间的"人"代表威风凛凛的将士,两侧的四个竖点,代表"铠甲"上面金光闪闪的鳞片,唐代诗人李贺写的"甲光向日金鳞开",表现的正是这种景象。在后来的演变过程中,中间的"人"挪到了上部,变成了"人"字头,四个"竖点"连缀成下部的撇、竖组合体,形成了上下结构的"介"。

甲骨文"介"　　　　　楷书"介"

🎡 走进"朋友圈"

　　在传统文化中,衣冠不仅是用来遮风挡雨的服饰,它还是身份的象征。

以"衣"为例，老百姓穿的是粗布衣服，绫罗绸缎是官绅显贵的衣料，带有龙纹图案的黄色衣物更是皇权的象征，其他人不得擅自穿戴，否则就是欺君或者谋逆之罪，是要被杀头的。

　　冠冕，是古代帝王和官员戴的帽子。金文"免"，字形以"人"字为基础，上部突出了"帽子"的样貌，本义是"冠冕"的"冕"。在后来的演变过程中，上部增加了类似"曰"的部件，但里面两横的写法与"曰"不同，不能与两侧的竖画接触，正确的读法是"冃（mào）"，它的作用是表意和区分字形。

金文"免"　　　楷书"冕"　　　楷书"免"

　　再来说"食"。甲骨文"即"，左边是盛有食物的器皿，以此来代表"美食"，右边是一个跪坐在食物面前的"人"。美食香气扑鼻，令他垂涎三尺，恨不得钻到食器里面吃个精光。左右两部分组合起来表示"进食"，引申为接近、靠近等意思。

甲骨文"即"　　　楷书"即"

　　当食器里的东西吃光了，这个人的肚子也变得鼓鼓囊囊的，再也难以下咽了。他用手拍拍肚子，一个劲地摇头，甚至把头扭过去，表示吃饱了，进食结束了。这就是"既"，引申为完成、过去了等意思。

甲骨文"既"   楷书"既"

中国是礼仪之邦，讲究热情待客，宾至如归。甲骨文"乡"，中间依然是"美食"，两侧各有一人，分别代表主人和客人，合起来表示主人用美食招待来宾。在后来的演变过程中，左侧的"人"变成了"乡"，中间的"食器"与右侧的"人"合成为"郎"，左中右三部分组合起来就是繁体字"鄉"。在简化过程中，省却了右边的"郎"，保留了左侧的"乡"，起到了以点带面的作用。

甲骨文"乡"   楷书繁体"乡"   楷书简体"乡"

接着来说"住"。甲骨文"邑"，上面的"方框"代表城墙，下面是一个跪坐的"人"，说明他对脚下的土地和这方城池充满了感情，合起来表示人们聚居的地方，引申为城市、县城等意思。在后来的演变过程中，下部的"人"演变为"巴"，与上部的"口"组合，定型为现在通用的"邑"。

甲骨文"邑"　　　　楷书"邑"

　　上古时期，有位贤明的君主陶唐氏。他德高望重，天下为公，把王位传给了"舜"，开创了禅（shàn）让之制，令后世无限敬仰。传说，陶唐氏出生在黄土高原一个叫尧的地方，人们就以地名称呼他为尧。甲骨文"尧"，下部依然是跪坐的"人"，上部是两个土堆的象形，既表现了黄土高原的地貌特征，也表现了一方水土养一方人的朴素情怀。在后来的演变过程中，上面变成了由三个"土"组成的品字形结构的"垚（yáo）"，突出了"垒土成山"之义，同时也起到了表音的作用；下面变成了表示高耸之意的"兀"，进一步突出了高原、高远等含义，这就是繁体字"堯"。最终经过简化，定型为现在通用的"尧"。

甲骨文"尧"　　　楷书繁体"堯"　　　楷书简体"尧"

　　正如上面所讲的，不论是"邑"这样的都市，还是"尧"这样的原野，人们在选址定居的时候，地势高、采光好是基本条件。篆书"亮"，上部是"高"的省写，下面是"人"的变形，合起来表示"人"在高处，或者人往高处走，站得高看得远，自然亮亮堂堂。在后来的演变过程中，"人"变成了"几"，定型为现在通用的"亮"。

篆书"亮"　　楷书"亮"

　　继续来说"行"。甲骨文"此",右边是"人"的造型,左边是在他身后留下的脚印,合起来表示本人到此、就在此处等意思。在后来的演变过程中,左边的"脚印"变成了"止",右边的"人"变成了"匕",形成了左右结构的"此"。

甲骨文"此"　　楷书"此"

　　篆书"久",上部是一个病倒后侧卧在床板上的"人",下方的撩代表针灸的"灸",说明这个人正在接受治疗。由此可见,"久"与"灸"原本意思相通。后来,以有无"火"字底为标志区分字形,各表其意。

篆书"久"　　楷书"灸"　　楷书"久"

　　人有旦夕祸福。一旦成了俘虏或罪犯,往往要面临残酷的刑罚。甲骨文

"竟"，上面是一把锋利的"刑刀"，下面是一个人，用类似"口"的造型突出了他的"头部"，表示这是受刑的部位。受刑的过程相当痛苦，但总有结束的时候，这一刻就是"竟"。在后来的演变过程中，上面的"刑刀"变成了"立"，中间的"头部"变成了"日"，下部的"人"变成了"儿"，组成了现在通用的"竟"。

甲骨文"竟"　　　楷书"竟"

点亮"思维场"

从衣食住行，到治疗疾病，再到残酷的刑罚……这些人类生活的场景，都被定格在一个个内涵丰富的汉字当中。不论字形如何演变，我们总能或清晰或依稀地发现"人"的存在，这就是象形文字和字理探究的独特魅力。

梳理"关系图"

5. 文质彬彬的"子"

　　"十月怀胎，一朝分娩。"新生命的降临，会给家庭带来莫大的欢喜。甲骨文"子"，是一个襁褓中的婴儿，重点突出了露在外面的"头"和向上伸出的"双臂"。在后来的演变过程中，"双臂"伸展成了"一"，其余笔画变成了"了"，定型为字形更为方正的"子"。

甲骨文"子"　　　　楷书"子"

走进"朋友圈"

　　"子生三年，然后免于父母之怀。"告别襁褓和父母的怀抱之后，就迈入了天真烂漫的幼童时期。甲骨文"幼"，由代表细丝的"幺（yāo）"和代表耕田的"力"组合而成，用纤弱的细丝，象征气力弱小的幼童。在后来的演变过程中，位于右下部的"幺"挪到了左侧，与右侧的"力"重新组合，变成了左右结构的"幼"。

甲骨文"幼"　　　　　楷书"幼"

孔子讲,"十有五而志于学"。意思是说,十五岁以后就不再是孩童了,要发奋读书,潜心治学。从这个意义上说,十五岁是成长过程中的重要节点,古代的男子要在这个年纪举行束发礼。甲骨文"夫",以"大"为主体,上部添加了象征簪子的"一",形象地再现了束发时"用簪子把头发绾起来"的情景,用这一细节表现男子的年龄,真可谓细腻传神。

甲骨文"夫"　　　　　楷书"夫"

咱们接着来讲有志于学的"学"。甲骨文"学",以下部代表校舍的"宀(mián)"为载体,上部中间的"爻"可以看作学习算术的学具——算筹,"爻"的两侧是"双手",可以理解为大家齐心协力兴办学校,也可以理解为老师手把手地教授知识,还可以理解为学生在动手学习。金文"学",在"宀"的下部增加了"子",突出了学习的主体"学生",意思更为完整。在后来的演变过程中,"双手""爻""宀"等部件合并成了上部的"学"字头,再加上下部的"子",组成了现在通用的"学"。

甲骨文"学"　　　金文"学"　　　楷书"学"

　　夏商周时期，实行"学在官府"的教育制度。只有贵族子弟才有机会入学读书，平民百姓需要从事繁重的劳役和兵役。说到田间劳作，男子是绝对的主力。甲骨文"男"，由代表地点的"田"和代表农具的"力"组合而成，意思是田间劳作的主力。在后来的演变过程中，"田"与"力"的组合方式有所变化，定型为上下结构的"男"。

甲骨文"男"　　　楷书"男"

　　国家兴亡，匹夫有责。当战争来临的时候，男子汉要响应国家的号召，拿起武器保家卫国。甲骨文"兵"，上部是代表斧头的"斤"，下部是紧紧攥住斧柄的"双手"，合起来表示手拿兵器的人，也就是"兵"，引申为战争。在后来的演变过程中，"斤"的末笔竖向上收缩，"双手"演变为近似"丌（jī）"的笔画，组成了结构更为紧凑的"兵"。

甲骨文"兵"　　　　楷书"兵"

💡 **点亮"思维场"**

　　古人讲，"上马击狂胡，下马草军书"，"事了拂衣去，深藏功与名"……一个理想的男子汉，就应该文武兼修，质朴敦厚，深藏功名，正所谓"文质彬彬，然后君子"。

🔍 **梳理"关系图"**

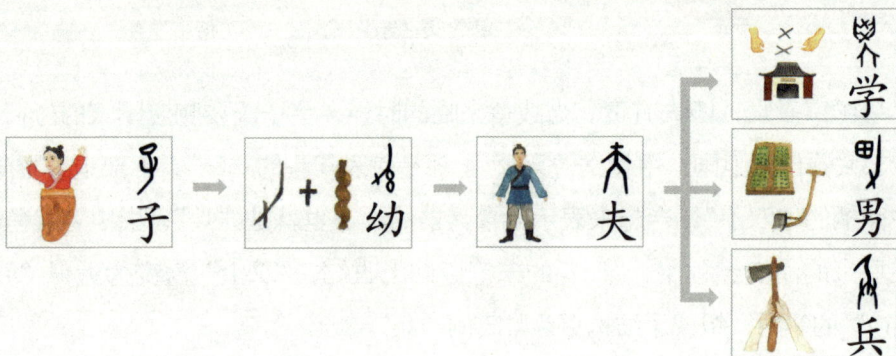

6. 可怜可叹的"女"

认识"主人公"

在前面的学习中，我们认识的汉字大都与器宇轩昂的男子汉形象有关，比如"大""天""夫"等字。这一讲，让我们把视角转向女子，看看汉字中的女性形象是怎样的，它们背后又有怎样的文化内涵和历史烙印。

甲骨文"女"是象形文字，造型源自一个跪坐的女子，她将双手放在胸前，表现出谦卑顺从的样子。在后来的演变过程中，"女"的字形变得比较抽象，但是依然能从"曲折交错"的笔画中，隐约感受到卑微的姿态。

甲骨文"女"   楷书"女"

走进"朋友圈"

远古时期的婚姻，既不是自由恋爱，也不是明媒正娶，而是通过强娶豪夺的方式获得的。甲骨文"妻"，左边依然是跪坐的女子，重点突出了她长长的秀发，以此表示女子年轻貌美，正是抢婚的对象；右边是伸过来的一只大手，代表抢婚的动作。在后来的演变过程中，"头上的长发"变成了上部的"十"，"伸过来的手"变成了中间的类似"倒山——彐（jì）"的样子，"女"字依然作为基础安排在下部，这就是现在通用的"妻"。

甲骨文"妻"　　　　楷书"妻"

在远古时期的部落战争中，战败的一方往往面临着被杀戮或奴役的命运，作为弱势群体的女子更是如此。甲骨文"奴"与"妻"的造型相似，都是"女子"与"大手"的组合体。不同之处在于，"奴"没有突出女子的长发，毕竟被俘为奴后，极其狼狈，无暇顾及头发的长短。

甲骨文"奴"　　　　楷书"奴"

一旦沦为奴隶，就会面临任人宰割的境地。甲骨文"奚"，下部是站立的女子，上部突出了盘绕的长发或是系在头发上的绳索，左上部是伸过来抓握头发或是绳索的大手，合起来表示抓着头发或牵着绳索把人拎起来。手段如此野蛮粗暴，何谈尊严，何谈颜面？在后来的演变过程中，下部的"女子"变成了"大"，头上的"长发"或"绳索"变成了"幺"，左上的"大手"变成了"爪子头"，组成了上中下结构的"奚"。

甲骨文"奚"　　　　楷书"奚"

　　从"奚"的字理可以看出，这是一种非常野蛮粗暴的行径。相比之下，"妾"的字理更为血腥残忍，有过之而无不及。甲骨文"妾"，主体依然是跪坐的女子，但更为醒目的是女子头顶上的刑刀，这是用来在女子脸部刻字毁容的工具。对于爱美的女子来说，这不仅是肉体的折磨，更是心灵的摧残。在后来的演变过程中，"刑刀"变成了"立"，再加上下部的"女"，组成了上下结构的"妾"。

甲骨文"妾"　　　　楷书"妾"

　　当然，并不是所有与"女"有关的字都一概地悲催。也有让人眼前一亮、心生美好的时刻。甲骨文"好"，左侧是一个跪坐的女子，她伸出双臂，满心欢喜地抱起一个新生的孩子。把"女"和"子"组合在一起，表示迎接新生命的诞生，自然是件大好事。

甲骨文"好"　　　　楷书"好"

点亮"思维场"

上述与"女"相关的字例，在其创生过程中保留着野蛮的陋习与文化糟粕，具有一定的历史局限性。对此，我们应当采用辩证包容的态度，理性地思辨，对文化取其精华，去其糟粕。

梳理"关系图"

·······

第二章

肢体篇

ZHITIPIAN

7. 腹部隆起的 "身"

　　蒙学经典《三字经》讲道："高曾祖，父而身。身而子，子而孙。"这里的 "身" 说的是自身、自己。金文 "身"，以 "人" 字为基础，中间突出了隆起的腹部，里面的圆点代指腹中的胎儿，表明这是一个怀孕的女子。女子怀孕又叫妊娠（rèn shēn）。因此，准确地说，这是妊娠的 "娠" 的本字，身体的 "身" 是在此基础上的引申。

金文 "身"　　　　　楷书 "娠"　　　　　楷书 "身"

　　如果把甲骨文 "身" 的中部放大一下，就是甲骨文 "包" 的模样。"身" 中部圆弧形的轮廓变成了 "包" 外围橄榄形的圆圈，"身" 中间的圆点变成了 "包" 里面微缩的 "人" 字，进一步突出了正在发育的胎儿。在后来的演变过程中，外部橄榄形的圆圈变成了"包字头——勹"，里面的"子"变成了"巳"，定型为半包围结构的"包"。

甲骨文"包"

楷书"包"

甲骨文"孕"，是甲骨文"人"与甲骨文"包"的组合体。由于"包"的嵌入，"人"被拆分为上下两部分。而且，"包"里面的"人"变成了更为象形的"子"。在后来的演变过程中，一分为二的"人"重新合并为上部的"乃"，"包"里面的"子"挣脱束缚独立于正下方，托起了上部的"乃"，形成了上下结构的"孕"。

甲骨文"孕"

楷书"孕"

中国古代神话传说中，有一种能吞食大象的巨蛇——巴蛇。篆书"巴"，既生动地表现了"蛇"盘曲的身体，又在中间部位加了一笔"一"，用以表示"蛇"腹部所吞食的东西。至于所吞食的是不是大象，不得而知。但俗话说的"人心不足蛇吞象"，似乎又是由此衍生而来。

篆书"巴"　　　　楷书"巴"

💡 **点亮"思维场"**

　　巴蛇吞象的传说，一方面启发我们，人的潜力是不可限量的，不要低估自己；另一方面也告诫我们，做人不能太贪婪，要知足常乐。

🔍 **梳理"关系图"**

8. 勤劳灵巧的 "手"

认识 "主人公"

陶行知先生说："人有两件宝，双手和大脑。双手会做工，大脑会思考……用手又用脑，才能有创造。一切创造靠劳动，劳动要用手和脑。"手，是重要的劳动器官，也是创造的重要源泉。这一讲，我们就来说说"手"。

金文"手"，用简练的线条表现了伸出的手掌和分叉的五指。在后来的演变过程中，线条变得更加平直，字形变得更加方正，定型为现在通用的"手"。

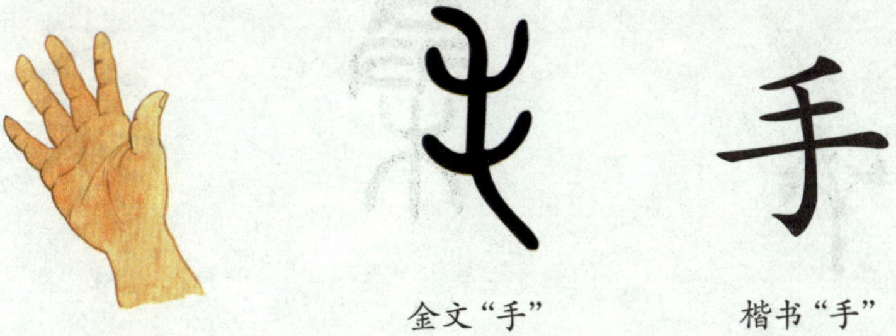

金文 "手"　　　　　楷书 "手"

走进 "朋友圈"

采摘野果是远古时期人类生存的"必修课"。甲骨文"采"，上部是指尖朝下的"手",下部是长有野果的"木",手指聚拢即可做出抓取的动作,这就是采摘、采集的"采"。

甲骨文"采"　　　　楷书"采"

中国是世界上最早使用蚕丝的国家,以丝绸为媒介,打开了东西方贸易和文化交流的通道,这就是举世闻名的丝绸之路。蚕丝的生产离不开采桑养蚕。篆书"桑",下部是代表桑树的"木",上部是采摘桑叶的三只"手",以此代表密集忙碌的劳动。在后来的演变过程中,上部的三只"手"变形为"品"字形结构的三个"又",再与下部的"木"相组合,形成了现在通用的"桑"。

篆书"桑"　　　　楷书"桑"

从"逐水草而居"的游猎生活到"种植五谷"的农耕生产,是人类文明向前迈进的一大步。甲骨文"秉",左侧是一束"麦穗",右侧是一只抓取的"手",合起来表示拿着、掌握等意思,代表充满喜悦的丰收时节已经到来。在后来的演变过程中,"手"变成了类似"彐"的笔画,嵌入到

"禾"的中间,"禾"拉伸到上下两头,彼此组合得更加紧凑,形成了现在通用的"秉"。

甲骨文"秉"　　　楷书"秉"

手持一棵麦穗轻而易举,同时还可以拿着多棵麦穗。金文"兼",中部依然是"手",但手里拿的麦穗已经由一棵变成两棵,这两棵"麦穗"都归属于同一只手,表示兼而有之的意思。在后来的演变过程中,两棵"麦穗"的笔画有所合并,但依然保留了与"彐"组合的嵌入式结构,定型为现在通用的"兼"。

金文"兼"　　　楷书"兼"

手可以从事"采摘"和"农耕",还可以进行"狩猎"。甲骨文"事"的下部依然是一只"手",手里握着一种原始的狩猎工具——分叉的树杈,可以用来击打或顶住猎物,意思是从事狩猎,后来泛指各种事情。在后来的演变过程中,"树杈"的造型变得比较抽象,与代表"手"的"彐"组合起来,形成现在通用的"事"。

甲骨文"事"　　　楷书"事"

远古时期，人类利用山洞或山崖栖身，翻山越岭、攀爬山崖是生活中的常态。甲骨文"反"是"攀"的本字，左上的"厂（hàn）"表示攀登的对象——山崖，右下的"又"是用力攀缘的"手"，合起来表示攀登的"攀"。在后来的演变过程中，"反"与"攀"的字形有所分化，"反"不再表示攀登，引申为正反、相反、反叛等意思。

金文"反"　　　楷书"攀"　　　楷书"反"

在日常生产和生活中，经常需要进行测量，如测量人体的身高、丈量土地的面积等。金文"巨"，以"大"为基础，突出了向右侧伸出的一只"手"，手里握着测量的工具——工字尺，再现了手持工具进行测量的情景，这是"规矩"的"矩"的本字。在后来的演变过程中，"大"被省去，基本保留了"手"和"工字尺"的造型，合并为现在通用的"巨"。

金文"巨"　　　　　楷书"巨"

点亮"思维场"

采摘野果、采集树叶、收割庄稼、捕鱼狩猎，都是古代人类用双手从事劳动，在生产中创造价值的过程。难怪马克思说："劳动是人的本质特征。"

梳理"关系图"

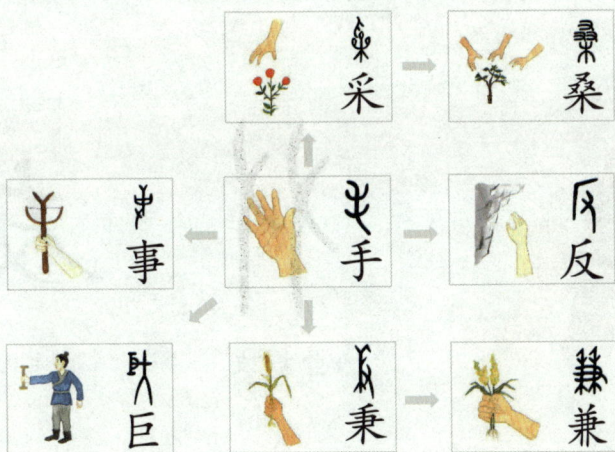

9.齐心协力的"手"

认识"主人公"

上一讲，我们了解了与单只"手"相关的汉字。这一讲，咱们再来看看一双"手"和多只"手"的组合。

甲骨文"友"，由两个人的两只右手叠加而成，表现了亲密无间的朋友关系。这种叠手为友的习惯传承至今，在足、篮、排等球类比赛中，我们会经常看到队友之间通过这种方式彼此加油鼓劲儿的情景。在后来的演变过程中，左边的"手"旋转平移到了左上部，与右侧的"手"彼此呼应，变成了现在通用的"友"。

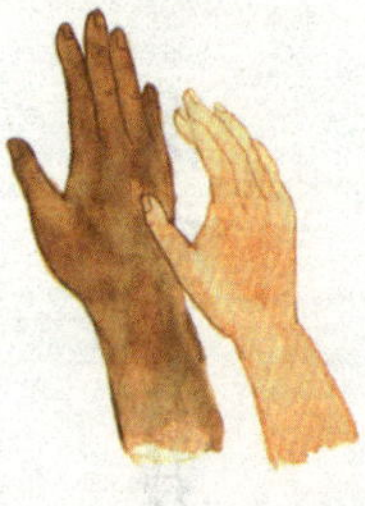

甲骨文"友"　　楷书"友"

走进"朋友圈"

中国是礼仪之邦。两人见面，除了抱拳鞠躬、请安问好之外，还有双手合十、祈福敬拜的施礼方式。甲骨文"拜",形象地再现了"五指并拢、双手施礼"的情景。在后来的演变过程中,两只手的写法有所不同,左侧"手"的起笔和末笔均变成了"撇",右侧"手"的下部多了一横,左右组合,呈现出揖让穿插、参差错落之美。

甲骨文"拜"　　　　楷书"拜"

古时人类祭祀活动盛行。甲骨文"共",中间的"口"代表物品或器皿,两侧是"双手"的造型,合起来表示双手捧着"供奉之物"。这里的"共"与供奉的"供"意思相通。后来,以有无"亻"为标志,区分二者的字形和字义。

甲骨文"共"　　　楷书"供"　　　楷书"共"

古人以"玉"为美,有"温润如玉""君子比德于玉"等说法,都体现了中国人特有的审美品味和精神气质。"玉"可以作为装饰品随身佩戴,也可以拿在手中反复把玩。甲骨文"弄",表现了双手捧玉反复琢磨品鉴的情景。在后来的演变过程中,手中的"玉"变成了上部的"王",下部的双手变成了"廾(gǒng)",定型为现在通用的"弄"。

甲骨文"弄"　　　楷书"弄"

　　甲骨文"异",是一个头、手、脚俱全的人形。不过,这个人的面目有些狰狞,仿佛戴着可怕的面具,这就是怪异的"异"。在后来的演变过程中,"怪异的头部"变成了"巳",下部的双手变成了"廾",组成了现在通用的"异"。

甲骨文"异"　　　楷书"异"

　　甲骨文"受",由上下两只"手"和中间的"盘"(也就是象形字"凡")组合而成。可以看作是上面的"手"拿着"盘"递到下面的"手"里,表示授予的"授";也可以看作是下面的"手"从上面的"手"里接过了"盘",表示接受的"受"。在甲骨文中,"受"与"授"通用。在后来的演变过程中,上面的"手"变成了"爪字头",中间的"凡"变成了"冖(mì)",下面的"手"变成了"又",组成了上中下结构的"受"。

甲骨文"受"　　　　楷书"授"　　　　楷书"受"

甲骨文"爱",与"受"的字形非常相近,上下两只"手"的位置和造型几乎一致,不同之处在于中间的事物,由表示盘子的"凡"变成了横。有人说,这条横代表木棍,上面的"手"拿着它递到下面的"手"里,是救援的"援"。也有人说,这条横代表一种叫作"瑗"的玉器,可以套在手臂上做装饰品,也可以双方共同握着它,表示彼此尊重,或是一方对另一方的引导。不论哪种解释,"援"和"瑗"都与"爱"谐音,而且都有拉、引的意思。

后来在演变过程中,中间的横变成了类似"干"的字形,这个"干"有表音和表意的双重作用。就表意而言,"干"在甲骨文中表示武器,一只手拿着"干"伸向另一只手,更加突出了支援、救援的意思。

楷书"援"

甲骨文"爱"　　　　楷书"瑗"　　　　楷书"爱"

在现代汉语中,三只"手"是个贬义词。但在古人造字的时候,三只"手"别有妙用。篆书"承",上部是一个跪坐或盘腿而坐的人,中间有一只大手将其托起,两侧各有一只手加以捀扶,犹如众星捧月般把上面的人高高举起,用以表示捧起、奉命的意思,引申为服从、顺承等意思。

篆书"承"   楷书"承"

　　伸出"双手",可以像"承"那样自下而上托举人,也可以自上而下拯救人。甲骨文"丞",下部 U 形的笔画是代表"坑穴"的"凵(kǎn)",里面是不慎落难的"人",上面是抓住他脱离陷坑的"双手",正所谓"危难之处显身手"。因此,这里的"丞"与拯救的"拯"意思相通。后来,以有无"扌"为标志,区分二者的字形。在演变过程中,"丞"下部的"凵"变成了"一",里面的"人"变成了"了",上部的"双手"变成了两侧对称的笔画,定型为现在通用的字形。

甲骨文"丞"   楷书"拯"   楷书"丞"

　　救人于困顿危难之中,是功德无量的事。但也有无可奈何、无力回天而被迫选择放弃的时候。甲骨文"弃",自下而上依次是"双手""簸箕""死去的婴孩"的样子,合起来表示双手端着簸箕把死婴丢弃。在后来的演变过程中,中间的"簸箕"被省却,下部的"手"变成了"廾",上部的"婴孩"变成了类似"云"的部件,定型为现在通用的"弃"。

甲骨文"弃"　　　　　楷书"弃"

"人心齐，泰山移。"当很多双手一起发力，就会形成众志成城的合力，就没有办不到的事情。甲骨文"兴"，与上面讲到的"受"有相似之处，也是由"手"和表示盘子的"凡"组合而成。不同的是，"兴"比"受"多了两只"手"，用四只"手"合力托举的动作，象征着齐心协力必定迎来日益兴盛的局面，这就是兴盛的"兴"。在后来的演变过程中，"兴"的字形变得比较繁复，这就是繁体"興"，最终简化为现在通用的"兴"。

甲骨文"兴"　　楷书繁体"興"　　楷书简体"兴"

你听说过"千乘之国"这个成语吗？在先秦时期，战车和马匹的数量是综合国力的象征，战国七雄之首的齐国，就曾经号称千乘之国。甲骨文"舆"，中间是代表车辆的"车轮"，周围有四只"手"，组合起来表示"合力造车"，泛指"车辆"，引申为"众人"，"舆论"就是"众人之论"。在后来的演变过程中四只"手"演变成了表音的"舁（yú）"，代表"车轮"的"车"嵌入在"舁"的上部，组成了结构紧凑的"舆"。

甲骨文"舆"　　　　楷书"舆"

点亮"思维场"

"兴""舆"等字启示我们，只有齐心协力、众志成城，才能无往而不胜。这与"人心齐，泰山移""众人拾柴火焰高""众人划桨开大船"是异曲同工的。

梳理"关系图"

10. 征伐予夺的 "手"

认识 "主人公"

通过前面两讲的学习，我们知道了 "手" 在生产劳动中有重要的作用，狩猎采集离不开它，稼穑耕作离不开它，团结协作也离不开它。接下来，我们再来看看战争中征伐予夺的 "手"。

甲骨文 "兵" 的本义是 "武器"，上部是代表武器的 "斧头"，也就是 "斤"；下面是紧握 "斧柄" 的双手，也就是 "廾"。后来，由 "武器" 引申为手拿武器的士兵、战争等意思。

甲骨文 "兵" 　　　　楷书 "兵"

走进 "朋友圈"

甲骨文 "戒"，在字形上与 "兵" 有类似的地方，也是手拿武器的样子。

不过，这里的武器不是代表"斧头"的"斤"，而是"长柄横刃"的"戈"。士兵"双手持戈"站岗放哨，就是警戒的"戒"。在后来的演变过程中，表示双手的"廾"挪到了"戈"的左下部，形成半包围结构的"戒"。

甲骨文"戒"　　　　　楷书"戒"

上面讲到的"兵""戒"二字都与战争有关。接下来，咱们就说说战争的"争"。甲骨文"争"，由上下两只"手"和中间的"牛角"组合而成，两只"手"都在用力拉动"牛角"，试图把"牛"拉到自己这边来，据为己有。在后来的演变过程中，上面的"手"变成了"刀字头——⺈"，中间的"牛角"变成了支撑笔画"亅"，下面的"手"上挪到中间变成"彐"的样子，组成了现在通用的"争"。

甲骨文"争"　　　　　楷书"争"

战争过程中，当战败的一方落荒而逃的时候，对方一般会乘胜追击，这就是毛泽东在诗中写到的"宜将剩勇追穷寇"。甲骨文"及"，前面是跑动的"人"，后面是紧随其后伸出的"手"，合起来表示追上、赶上的意思。在后来的演变过程中，"人"与"手"深度融合，形成了合二为一的"及"。

及

甲骨文"及"　　　楷书"及"

俗话说："胜者为王，败者为寇。"战败以后被抓获的人被称为俘虏。甲骨文"孚"，是俘虏的"俘"的本字，左上部是"手"，代表胜利的一方，右下部是"子"，代表被俘的一方，合起来表示"抓获俘虏"。在后来的演变过程中，左上部的"手"变成了"爪"字头，"子"被完整地保留下来，形成了上下结构的"孚"。

俘　孚

甲骨文"孚"　　　楷书"俘"　　　楷书"孚"

被俘以后，俘虏会被绳捆索绑、押解（jiè）带走。甲骨文"叜"，中间的"人"代表俘虏，两侧是揪住绳索用力拖拽的"双手"，合起来表示"捆绑拖拽，把人带走"。在后来的演变过程中，"双手"合二为一变成了"臼（jiù）"，"人"穿插其间，定型为现在通用的"叜"。在字形演变的同时，字义也在发生变化，捆绑拖拽的本义逐渐消失，取而代之的是形容时间极短的"须叜"。

甲骨文"臾"　　　　楷书"臾"

　　与"孚""臾"等字相比，甲骨文"取"的字形较为血腥。在古代战争中，胜利者会把杀死或活捉的敌人的左耳割下来，用耳朵的多少计算军功、领取赏赐。"取"的左边是刚刚被割下来的血（xiě）淋淋的"耳朵"，右边是抓起耳朵的"手"，合起来表示抓取、拿取的意思。

甲骨文"取"　　　　楷书"取"

　　"手"在汉字里是非常活跃的元素，很多时候，它变成了表意的"扌"字旁，再加上相应的"声旁"，可以组成表示各种动作的形声字。比如，"抓""握""挑""抬""搬""摸""扑""摔""扶"，等等。

篆书"抓""握""挑"

篆书"抬""搬""摸"

篆书"扑""摔""扶"

🔦 点亮"思维场"

　　这一讲，我们重点关注了战争中征伐予夺的"手"。战争是残酷的，是以流血牺牲为代价的。从这一点来讲，战争中没有胜利的一方。所以，我们要珍爱和平，避免战争。

梳理"关系图"

兵　戒

争　←　征伐予夺的"手"　→　抓　摭　抛　指　擒　掳　捽　拮　抙　……

及

孚

叟

取

11. 古今异义的"足"

✦ 认识"主人公"

　　人们常用情同手足来形容情谊深厚、亲如兄弟的朋友关系。从构词的角度，尤其是从喻体的视角分析，足见"手""足"的重要性，以及二者之间缺一不可的亲密关系。在前面了解了"手"之后，从这一讲开始，咱们再来说说"足"。

　　甲骨文"足"，上面的"口"是膝盖的象形，下面的"止"是脚的象形。上下两部分组合起来，形成了一个从"膝盖"经"小腿"再到"脚部"的整体。由此可见，"足"的本义与现在仅代表"脚"的意思是不同的。在后来的演变过程中，下部的"止"变形为"卜"与"人"的组合体，上部保留了"口"的造型，组成了现在通用的"足"。

甲骨文"足"　　　　楷书"足"

走进"朋友圈"

如上所讲，在甲骨文中，与"脚"对应的不是"足"，而是"止"。甲骨文"止"是"脚"的象形，也是"脚"的代称。具体说来，前面的三个"分叉"代表脚趾，后面连接成"V"字形的部分代表脚跟，合起来就是"脚"的样子。在后来的演变过程中，字形变得更加平直方正，定型为现在通用的"止"。

甲骨文"止"　　　　楷书"止"

在"赤道之国"厄瓜多尔的首都基多和我国贵州从江、湖南安化等地，都有"巨足"遗存，集中反映了远古时期的巨人崇拜。甲骨文"咎"，上部是代表大脚的"止"，下部是弯腰弓背的"人"，这只脚或许代表古人想象出的天神形象，或许代表掌握大权的统治者，总之要"降祸于人"。在后来的演变过程中，"止"与"人"的组合更加紧凑，变形为"处"，又在下部添加了表意的"口"，仿佛是在降祸之前宣布罪状，让受惩戒的人心服口服，这就是现在通用的"咎"。

甲骨文"咎"　　　　楷书"咎"

大多数动物都有足，但形状不尽相同。为了准确区分"人足"和"兽足"，古人专门创造了特指"兽足"的"采（biàn）"。金文"采"，是根据兽类"蹄爪"创造的象形文字。在后来的演变过程中，又在"采"的下部增加了"田"，以突出野兽经常出没和留下足印的地方，意思更加完整，这就是上下结构的"番"。

金文"采"　　　楷书"采"　　　楷书"番"

金文"走"，上部是一个甩臂迈步的"人"，下部是表示"脚"的"止"。由上部甩动的双臂，可以想象撒开腿极速行进的样子。因此，"走"最初的意思是跑。在后来的演变过程中，上面"甩臂的人"变成了"土"，"止"的左下部变成了"人"，定型为现在通用的"走"，字义也由跑变成了真正的"走"。

金文"走"　　　楷书"走"

与"走"类似的还有"奔"。金文"奔"，上部与"走"相同，不过双臂摆动的幅度更大，节奏更加强烈，下部变成了三个"止"，步伐更加密集。上下两部分如此组合，旨在强调飞速奔跑，速度极快。在后来的演变过程中，上部保留了"大"的造型，下部的三个"止"变成了"卉"，定型为现在通用的"奔"。

金文"奔"　　　　楷书"奔"

　　说到这里，可能有人会问，既然在古文中用"走"来表示"跑"，那么，步行走路的"走"用哪个字来表示呢？问得好，还真有其字，那就是"行"。甲骨文"行"，是十字路口的象形，本义就是"路"，引申为在路上行走。在后来的演变过程中，字形变得比较抽象，变成了"彳（chì）""亍（chù）"的组合体，这就是现在通用的"行"。

甲骨文"行"　　　　楷书"行"

　　"止""走""奔""行"等都与"走"有关，但或快或慢，或行或止。如果统整成为一个字，那就是代表"走走停停"的"辵（chuò）"，进而可以归并为以"辶"为部首的"走"字族，涵盖"走"与"跑"等多重意思，比如"远""近""进""退""追""逐""迅""速"，等等。

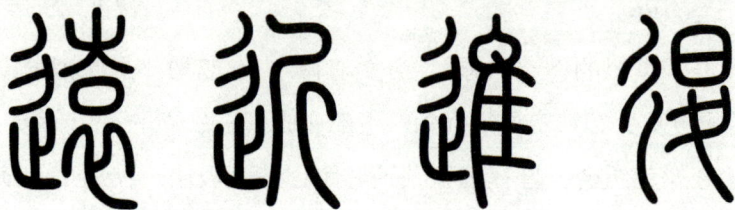

篆书"远""近""进""退"

𧾷 𧿟 𧾷 𧾷

篆书"追""逐""迅""速"

点亮"思维场"

　　上文中讲到的行走的"行",后来被引申为行为的"行"。人们常说"听其言,观其行""其身正,不令而行"……从这些语句中,可以看出"行"对于修身做人的重要性。因此,要时刻严于律己、自省自律,做言行一致、品行端正的人。

梳理"关系图"

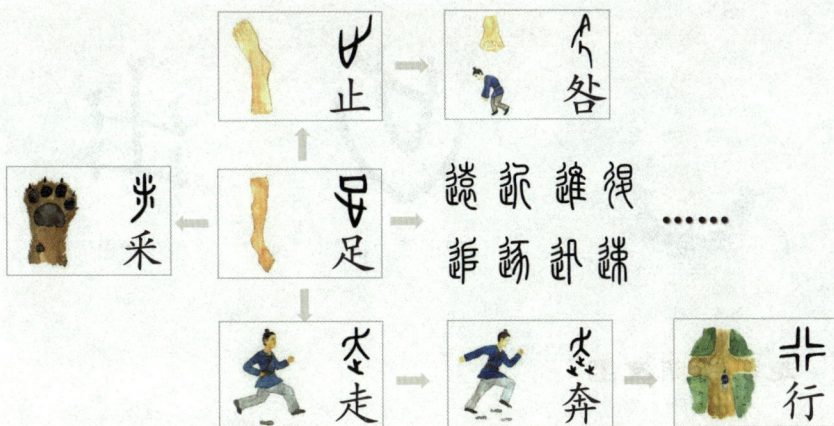

12. 往来行进的"足"

《周易·系辞》中讲道:"上古穴居而野处。"意思是说,原始人类居住在山洞,生活在荒野,生活条件相当艰苦。穴居野处,自然需要频繁出入洞穴。

甲骨文"出",上半部分是"止",代表刚刚踏出洞穴的"脚",下面的"半圆形"笔画,是"洞口"的象形,合起来表示"走出洞穴"。在后来的演变过程中,上面的"止"变成了"屮(chè)",下面圆弧形的"洞口"变成了方形的"凵",组成了现在通用的"出",进一步体现了方块汉字的特征。

甲骨文"出"　　　　楷书"出"

走进"朋友圈"

如果出发的地点不是洞穴,起点该怎样表示呢?甲骨文"之",用一条横表示起点,这条横类似"起跑线",足见古人化繁为简的智慧。上部依然是"迈步向前"的"止",合起来表示要从这里出发,去往某个地方。古诗《送孟浩然之广陵》《送杜少府之任蜀州》中的"之"都是这个意思。在后来的演变过程中,"之"的笔画更加简练,仅有三笔,但波折较多,似乎在提醒人们,前行的途中并非一帆风顺,正所谓"前途是光明的,道路是曲折的"。

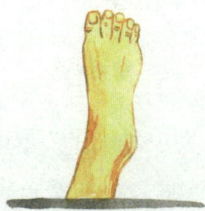

甲骨文"之"　　　　楷书"之"

与"出""之"类似的还有去往的"往"。甲骨文"往",是上下结构的形声字,上面是表意的"止",下面是表声的"王"。不过这里的"王",不是常见的三横一竖,而是一把"大斧"的象形,象征着手握生杀大权的"王"。在后来的演变过程中,上部的"止"变成了左侧的"彳",下面的"斧头"变成了"主",组成了左右结构的"往"。

甲骨文"往"　　　　楷书"往"

"出""之""往"三字都有出发、到哪里去的意思。常言道,"有来无往非礼也",有"出发"就有"返回"。甲骨文"各",上部是一只翻转的"止",表示掉头往回走,下部的"口"用来表示洞口,合起来就是从外面回到洞穴,表示回来、回到的意思。在后来的演变过程中,上部的"止"变成了被称作"折文"的"夂（zhǐ）"，下部的"口"没有变化，组成了现在通用的"各"。

甲骨文"各"　　　　　楷书"各"

甲骨文"正"，本义是出征、征伐的意思，以"方形的城池"为目的地，下面的"脚"正朝着城池的方向前进，目的是夺城掠地。在后来的演变过程中，上面的"口"简化成了"一"，下面保留了"止"的字形，合起来就是现在通用的"正"。

甲骨文"正"　　　　　楷书"正"

"正"的本义是朝着目标前进。接下来，咱们就说说前进的"前"。甲骨文"前"，上部是表意的"止"，下面是"舟"，合起来表示"脚"踏在"船上"，不用行走也能前进，这就是古人所说"不行而进谓之前"。在后来的演变过程中，上面的"止"简化为类似"艹"的样子（前两笔是"倒八头——丷"，且不能超过下面的"一"），"舟"变成了左下部的"月"，右下部添加了"刂"，组成了现在通用的"前"。由于"刂"的加入，这里的"前"兼有"剪"的意思。再后来，为了准确区分字义，在"前"的下部又添加了表意的"刀"，形成了有别于"前"的"剪"。

甲骨文"前"　　　楷书"前"　　　楷书"剪"

　　"前"的反义词是"后"。甲骨文"后"由两部分组成,上面是"丝线"的"丝",表示绳子,下面是反转的"止",表示"脚步",合起来表示用"丝绳"拴住了"脚"。如此一来,自然走不快,就会落(là)在后面。在后来的演变过程中,上部的"丝线"变成了"幺",下部的"止"变成了被称作"折文"的"夂",左侧又增加了表示小步行走的"彳(chì)",也就是我们通常所说的双人旁,组成了结构完整的繁体字"後"。在汉字简化过程中,变成了现在通用的简体字"后"。

甲骨文"后"　　　楷书繁体"后"　　　楷书简体"后"

　　不论是前进还是后退,也不论是去往还是归来,都需要先迈出脚步。古人根据这个特点,创造了表示时间顺序的"先"。甲骨文"先",主体是下部的"人","人"的上部是代表"迈步前行"的"止",突出了"止在人先,先迈一步"的含义。在后来的演变过程中,"止"变成了"告字头——牛","人"变成了"儿",组成了现在通用的"先"。

甲骨文"先"　　　　楷书"先"

古人讲，"路虽远，行则将至。"前进，是奋斗者最美的姿态。在不断前行的过程中，也会留下一串串或深或浅的足迹。走过、经过之处，就是历程和经历。甲骨文"历"，下部是用来表意的"止"，上部是由两株"禾苗"组成的表音的"秝（lì）"，合起来表示人走过田间地头。在后来的演变过程中，上面又增加了表示山崖的"厂"，翻山越岭，经历更丰富。当然，"厂"与"秝"合起来也读"厤（lì）"，同样能起到表音的作用。最终经过简化，定型为现在通用的"历"。

甲骨文"历"　　　楷书繁体"历"　　　楷书简体"历"

点亮"思维场"

我们在上面讲到的"正"，用"一"代表行进的目标，突出了方向的重要性。在方向正确的前提下，如果能像"前"那样"善于借力"，能像"历"那样翻山越岭，永不停步，就能成为走在时间前面的人，就能够实现一个又一个目标，取得一个又一个胜利！

梳理"关系图"

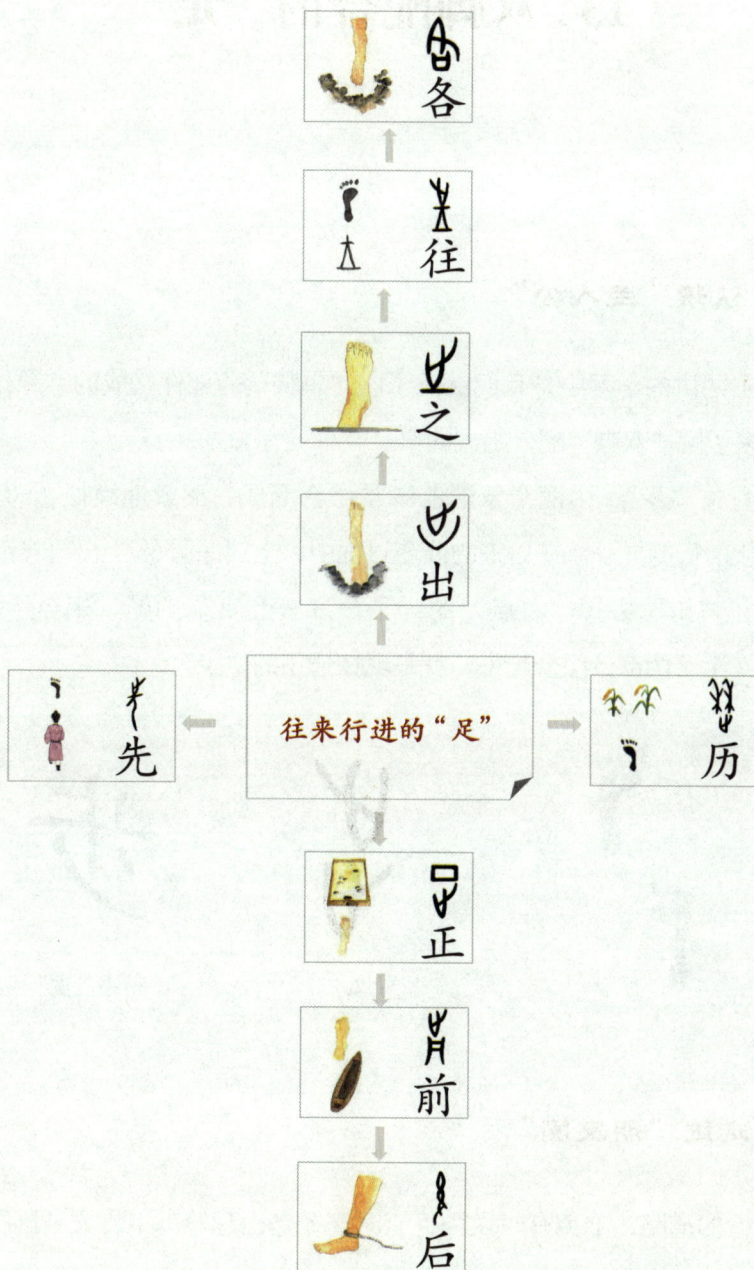

13.双脚配合的"足"

在上两讲的学习中，我们认识了以"单脚"为部件构成的字。这一讲，我们再来了解"双脚"配合组成的字。

甲骨文"步"，由两个象形的脚掌组合而成，形象地模拟了迈开"双脚"交替前行的样子。在后来的演变过程中，上部保留了"止"的字形，下部变成了"少"去掉"右点"的样子，古书上读作"tà"，相当于现在的"踏步"。上下两部分组合起来，就是现在通用的"步"。

甲骨文"步"　　　　楷书"步"

前行的道路，难免有时坎坷，有时需要翻山越岭。甲骨文"陟"，左边

的类似"阝"的部件，是表示山丘的"阜"，右边是代表双脚交替前进的两
个"止"。组合起来表示"两只脚自下而上不断攀登"，也就是登山、登高的
意思。

甲骨文"陟"　　　　　　　楷书"陟"

有攀登自然就有下降。甲骨文"降"，左边依然是表示山丘的"阝"，右
边同样是表示前行的两个"止"。不同之处在于"双脚"前进的方向发生了
变化，改为"自上而下"。左右组合起来，用"交替下山"的样子，表示
下降。

甲骨文"降"　　　　　　　楷书"降"

甲骨文"韦"，繁体写作"韋"，中间的"口"表示"方形的城池"，城
墙的两边各有一只脚向着相反的方向前进，以此表示相反、违背的意思。在
后来的演变和简化过程中，"城池"和"双脚"的模样逐渐模糊，变成了字
形比较抽象的"韦"。

甲骨文"韦"　　楷书繁体"韦"　　楷书简体"韦"

如果城墙四周各有一只"脚",这四只"脚"不停地围着城墙走动,就构成了巡逻、警戒等意思的保卫的"卫"。金文"卫",形象地再现了"四只脚绕城巡逻"的样子。在后来的演变过程中,变成了"行"和繁体字"韦"的组合体"衞"。最终经过简化,定型为笔画简练的"卫"。

金文"卫"　　楷书繁体"卫"　　楷书简体"卫"

不论是前面学习的"单足",还是这一讲我们认识的"双足",都说明"足"是汉字家族里非常活跃的"因子"。它经常化作表意的部首"⻊",与其他部件组合,形成表示动作的"足"字族。以形声字为例,如"跑""跳""踢""蹋""蹲""跨""蹦""跃",等等。

篆书"跑""跳""踢""蹋"

蹲　跨　蹦　躍

篆书"蹲""跨""蹦""跃"

点亮"思维场"

　　我们在学习"陟""降"二字时，认识了"阝"。我们知道，"阝"有左右之分，位置不同，意思也不一样。"左耳刀"一般表示山丘，如"陡""险""阻"等字，"右耳刀"一般表示城池，如"都""邦""那"等字。简单地说，就是左阜右邑，"阝"在左时表示"山丘"，"阝"在右时表示"城市"。

梳理"关系图"

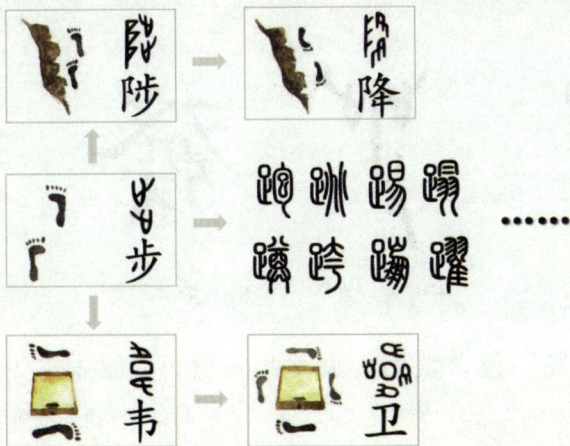

14.四肢并用的"手足"

在前面的学习中，我们分别认识了与"手""足"有关的汉字。这一讲，咱们再来了解"手足并用"组成的字。

甲骨文"发"，下部是一只"手"，中间的"丨"是代表"标枪"或"长矛"之类的武器，前面还有两只奔跑的"足"，意思是借助奔跑的惯性，将手中的武器发射出去，以击中目标。在后来的演变过程中，为了进一步突出"发射"的意思，又添加了表意的"弓"，组合成结构更为复杂的繁体字"發"。最终经过简化，变成了笔画简练的"发"，除了右下的"又"保留了"手"的造型，其他部件已经无从辨识了。

甲骨文"发"　　楷书繁体"发"　　楷书简体"发"

简化字"发"包含发射、头发两重意思。原本"头发"的"发"（"髮"），与"发射"的"发"（"發"），字形并不相同。它们是在简化过程中合二为一，变成同一个字的。

金文中"头发"的"发"("髪"），左边是表音的"犮（bá）"，右边是表意的"首"，"首"的上部类似"梳子"的笔画就是"头发"的象形。繁体"发"的字形比较复杂，上面是表示毛发的"髟（biāo）"，下面依然是表音的"犮"。在简化过程中，省却了上部的"髟"，保留了下部的"犮"，并与"发射"的"发"("發"），合并成字形相同的简化字"发"。

金文"发"　　楷书繁体"发"　　楷书简体"发"

走进"朋友圈"

甲骨文"登"跟祭祀活动有关。"登"的下部是两只"手"，中间捧着的是祭祀的器皿"豆"，上部是踏着台阶走上祭台的两只"脚"，合起来是"手捧祭器登上祭台"。在后来的演变过程中，省却了下部的"双手"，保留了中间的"豆"，上部的两只"脚"变成了"登字头——癶"，但还能依稀看出"双脚"的痕迹。

甲骨文"登"　　楷书"登"

金文"隶"，是"逮住"的"逮"的本字，右上是一只"手"，左下是

"被手抓住的尾巴",合起来表示逮住的意思。要想逮住目标,守株待兔、原地不动是行不通的,必须要奋力追赶。为了突出追捕的意思,又在"隶"的左下部加上了表意的"辶",变成了现在通用的"逮"。由此,"隶"与"逮"有所分化,各表其意。

金文"隶"　　　楷书"隶"　　　楷书"逮"

与"逮"类似的是"捉"。篆书"捉",由左边的"扌"和右边的"足"组合而成。这里的"足"除了表声外,也有表意的作用。既可以理解为用"手"捉住动物或器物的"足";也可以理解为手足并用,捉拿效率更高。

篆文"捉"　　　楷书"捉"

💡 点亮"思维场"

在这一讲中,我们认识了由繁体字"發"演变而来的"出发"的"发"。同时,我们也认识了由繁体字"髮"演变而来的"头发"的"发"。虽然现在两个"发"的写法完全相同,但它俩各有其源,是典型的同形不同源。

　　在汉字家族中，具有类似特点的字还有不少，比如，"北斗"的"斗"与"斗争"的"斗"，"王后"的"后"与"后来"的"后"，等等。

　　💡　**梳理"关系图"**

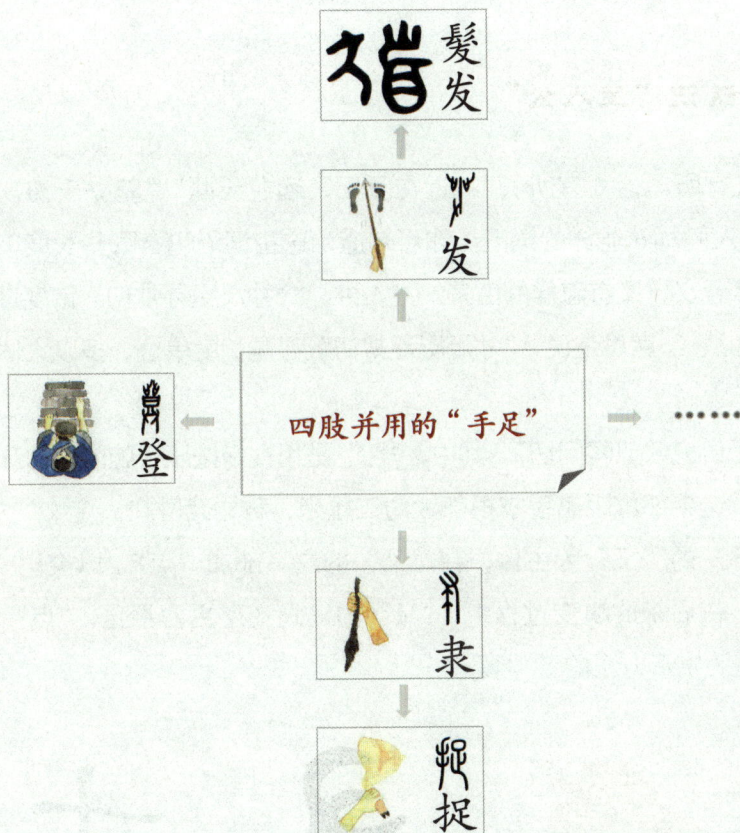

15. 以体为法的"度"

认识"主人公"

"尺有所短，寸有所长""近在咫尺，远在天涯""壁立千仞，无欲则刚"，是人们耳熟能详的词汇。你可知道，这些词语包含哪些长度单位？它们有什么含义，又有怎样的由来？古人讲，"'寸尺咫寻常仞'诸度量，皆以人之体为法。"意思是说，"寸尺咫寻常仞"都是长度单位，多以人体的部位长度来标定。

中医讲究"望闻问切"。其中，"切"是用食指按压手腕内侧动脉血管判断脉象，这个部位距离手掌根部大约三厘米，称之为寸口。金文"寸"，以代表"手"的"又"为主体，在"又"的左下部加"点"，以突出"切脉"的部位。在后来的演变过程中，"又"的笔画变得更为平直，"点"嵌入其中，定型为字形方正的"寸"。

金文"寸"　　　　楷书"寸"

走进"朋友圈"

甲骨文"尺",以象形字"人"为基础,在小腿部位加了一横,以此表示从膝关节到踝关节,也就是小腿部位的长度是一尺。故此,小腿骨也被称作"尺骨"。还有一种说法是,从手臂的肘关节到腕关节的距离,即小臂的长度也是一尺。其实,不论哪种说法,都体现了古人以"以人体为法丈量空间"的智慧。

甲骨文"尺"　　　　　楷书"尺"

《左转·僖公九年》有云:"天威不违颜咫尺。"意思是天子的威严离不开咫尺之远,暗诫臣子要时刻保持戒惧之心,就像在皇帝面前一样。"咫尺"二字,常用来形容很近的距离。

"尺",上面刚刚讲过,这里重点说"咫"。篆书"咫",是以尺表意、以只表声的"形声字"。据《说文·尺部》所言:"中妇人手长八寸谓之咫,周尺也。"意思是说,中等身量的妇女伸开手掌,从大拇指向小拇指(或中指)的方向尽量伸展,长度大约是八寸,就是一咫。直到今天,家庭主妇在缝制被褥或制作衣服鞋子时,还经常这样比画长度。由于一咫的八寸与一尺的十寸相差不多,长度相当,故而"咫""尺"二字经常连用,如"近在咫尺""咫尺之间",等等。

篆书"咫"　　　　楷书"咫"

甲骨文"寻",右侧是张开的双臂,左侧是连接两只手的直线,以此表示张开双臂的长度。正如《说文·尺部》所说:"度人之两臂为寻,八尺也。"意思是说,人伸开两臂的距离是一寻,有八尺长。后来,又衍生出"寻找"等意思,字形一度变得比较复杂,这就是繁体"尋"。再后来,定型为简化字"寻",不论是上面的"彐",还是下面的"寸",都是"手"的变形,既保留了两手之间双臂的长度的本义,又兼顾了双手寻找东西的衍生义,可谓一举两得。

甲骨文"寻"　　楷书繁体"尋"　　　楷书"寻"

"常",是以巾表意、以尚表声的形声字。其实,"常"是"裳"的本字,在古代特指下身穿的衣服,类似现代的裙子,但男女都可穿着。"常"还是长度单位,古人讲"寻舒两肱也,倍寻谓之常""八尺为寻,倍寻为常",意思是说,"寻"相当于张开双臂的距离,有八尺长;"常"是寻的两倍,即一丈六尺,因此"寻""常"二字也经常被连用。

篆书"常" 楷书"裳" 楷书"常"

　　篆书"仞",是以"人"表意,以"刃"表声的形声字。据《说文·人部》所言:"仞,伸臂一寻,八尺。"意思是说,"仞"相当于伸开双臂"一寻"的长度,有八尺长。当然也有"七尺为一仞"的说法,二者长度相差不大。还有一种说法是,"人长八尺,伸两手亦八尺"。意思是说,人的身高有八尺,伸开双臂也是八尺。如此说来,人的身高与伸开双臂的距离相当,都是一仞、一寻的长度。这两种说法也可以从"八尺男儿""七尺男儿"等词汇中得到印证。

篆书"仞" 楷书"仞"

💡 点亮"思维场"

　　"近取诸身,远取诸物"是古人造字的基本法则。讲到的上面"寸""尺""咫""寻""常""仞"这组字,可以说是对"近取诸身"的生动注解。

在古诗词中，也不乏"寸""尺""咫""寻""常""仞"等词汇的身影，比如，"飞流直下三千尺，疑是银河落九天。""旧时王谢堂前燕，飞入寻常百姓家。""黄河远上白云间，一片孤城万仞山。"……感兴趣的话，可以进一步继续搜集整理。

梳理"关系图"

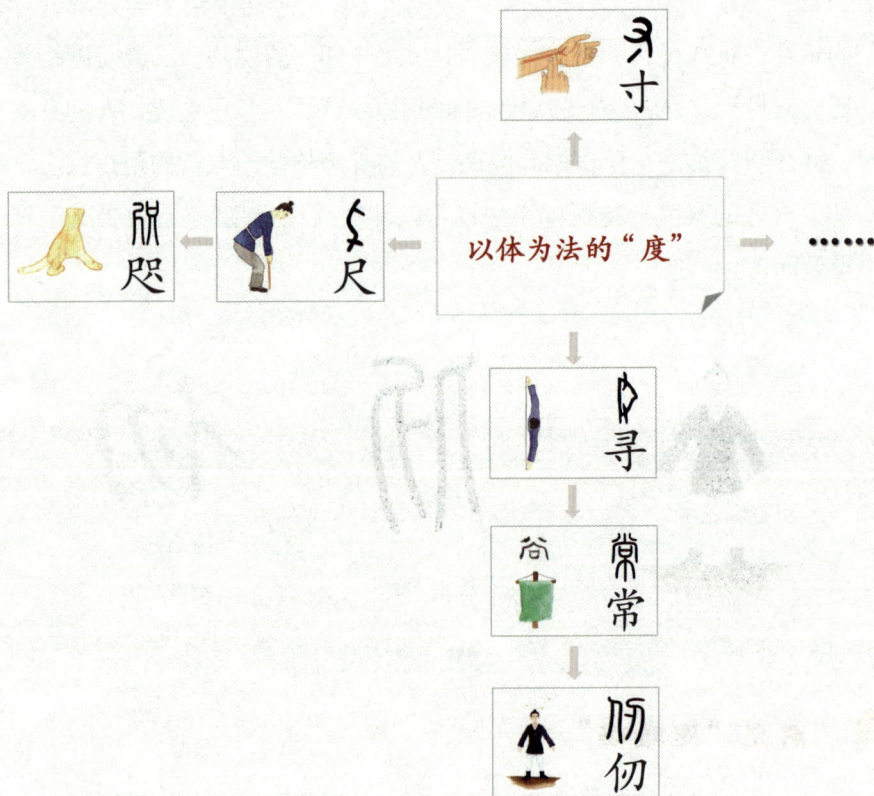

第三章

五官篇

WUGUANPIAN

16. 笑口常开的"口"

有一副对联是这么写的："大肚能容容天下难容之事，笑口常开笑天下可笑之人。""笑口常开"是人生的修养，也是做人的智慧。甲骨文"口"的造型，用上翘的圆弧线表现"口"的外部轮廓。在后来的演变过程中，"口"的字形变得方方正正，体现了方块汉字的特点。

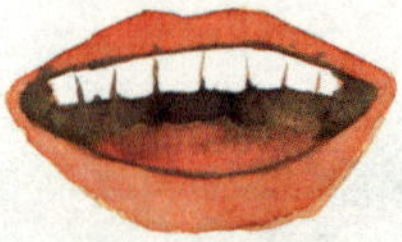

甲骨文"口" 　　　　楷书"口"

走进"朋友圈"

"笑口常开"反映了平和与悦纳的心态。甲骨文"兑（duì）"是喜悦的"悦"的本字，下部是"人"，上部突出了"口"和嘴角的笑纹，以此表现喜悦、和颜悦色等意思。后来，以有无"忄"为标志区分"兑"与"悦"的字形和字义。由此，"兑"不再表示喜悦，转而变成兑换、勾兑等意思。

甲骨文"兑"　　　楷书"悦"　　　楷书"兑"

　　甲骨文"齿"，以"方框"代表张开的嘴巴，里面是几颗醒目的"门牙"。后来，为了准确表示字音，又在上部增加了代表读音的"止"，下部变成了"人"和 U 形外框"凵"的组合体，定型为现在通用的"齿"。

甲骨文"齿"　　　楷书"齿"

　　有人说："牙齿是硬的，舌头是软的。当牙齿脱落的时候，舌头安然无恙。"其中的人生智慧，我们暂且不去深究。但从另一个角度可以看出，"舌"是比"齿"更为长寿的器官。

　　在动物界中，舌头最为发达的大概"非蛇莫属"。这是因为蛇的视觉和听觉比较差，在探路或觅食的时候，需要时不时地吐出分叉的舌头辨别气味和方向。古人敏锐地抓住了蛇的这个特征，创造了甲骨文"舌"，下部是一张"口"，上面是从蛇的嘴里吐出来的分叉的舌头。在后来的演变中，吐出的"舌头"变成了"撇"与"十"的组合体，再加上下部的"口"，组成了现在通用的"舌"。

甲骨文"舌"　　　　楷书"舌"

　　"舌"不仅味觉灵敏，还是言谈交流的重要器官。"三寸不烂之舌""唇枪舌剑"等成语，都彰显了"舌"在言语交际中的重要作用。甲骨文"言"，以甲骨文"舌"为主体，上部多了一条短横，以此代表"从舌尖说出的话"，也就是"言"。在后来的演变过程中，"舌"的上部与横演变为"点"与"倒三"的组合，再加上下部的"口"，定型为现在通用的"言"。

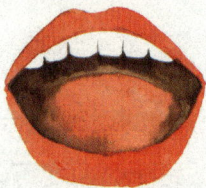

甲骨文"言"　　　　楷书"言"

　　"言"用作动词的时候，是说话的意思，与之意思相同的还有"曰"。甲骨文"曰"造型非常简单，下部是"口"，上部有一条短横，表示"从口中说出的话"。在后来的演变过程中，上部的短横又跳回到了口中，变成了现在通用的"曰"。

甲骨文"曰"　　　楷书"曰"

　　成语"噤若寒蝉"，说的是深秋的蝉已不再有盛夏时节嘹亮的叫声，比喻闭口不言。"噤"最初用"今天"的"今"来表示，是闭口不作声的意思。"今"的这层含义正好与上文开口讲话的"曰"意思相反。智慧的祖先运用反转字形的方法，把"曰"顺时针旋转180°，借以表示与"曰"意思相反的"今"。在后来的演变过程中，另造了以"口"表意、以"禁"表音的形声字"噤"，"今天"的"今"专门用来表示时间。

甲骨文"今"　　楷书"今"　　楷书"噤"

　　口，不仅是重要的发声器官，也是重要的味觉器官。甲骨文"甘"，以"口"为基础，在中间加了一条横线，以表示留在口中的"甘甜"的滋味。在后来的演变过程中，"口"的上框和边竖伸展交叉，变成了现在通用的"甘"。

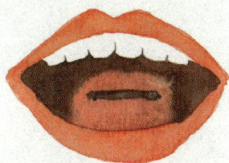

甲骨文"甘"　　　楷书"甘"

科学研究证实，甘甜的食物进入口中，能刺激味蕾神经，并将信号传输到大脑，产生一种能够带来快乐的物质——多巴胺。甲骨文"旨"，再现了美味入口的过程，上部是盛有美味的"勺子"，下部是张开的"口"，正在品尝美食，这就是源自味觉体验的"旨"。在后来的演变过程中，"勺子"和"嘴巴"分别演变为"匕"和"日"，定型为现在通用的"旨"。

甲骨文"旨"　　　　楷书"旨"

点亮"思维场"

看到"旨"这个字，容易使人想起《礼记·学记》中的一段话："虽有嘉肴，弗食，不知其旨也；虽有至道，弗学，不知其善也。"求学的过程，犹如品尝美食，只有亲身经历，才能体会其中的滋味和快乐。我们的"汉字朋友圈"也是如此，只有细细品味，才能"甘之若饴，回味无穷"。

梳理"关系图"

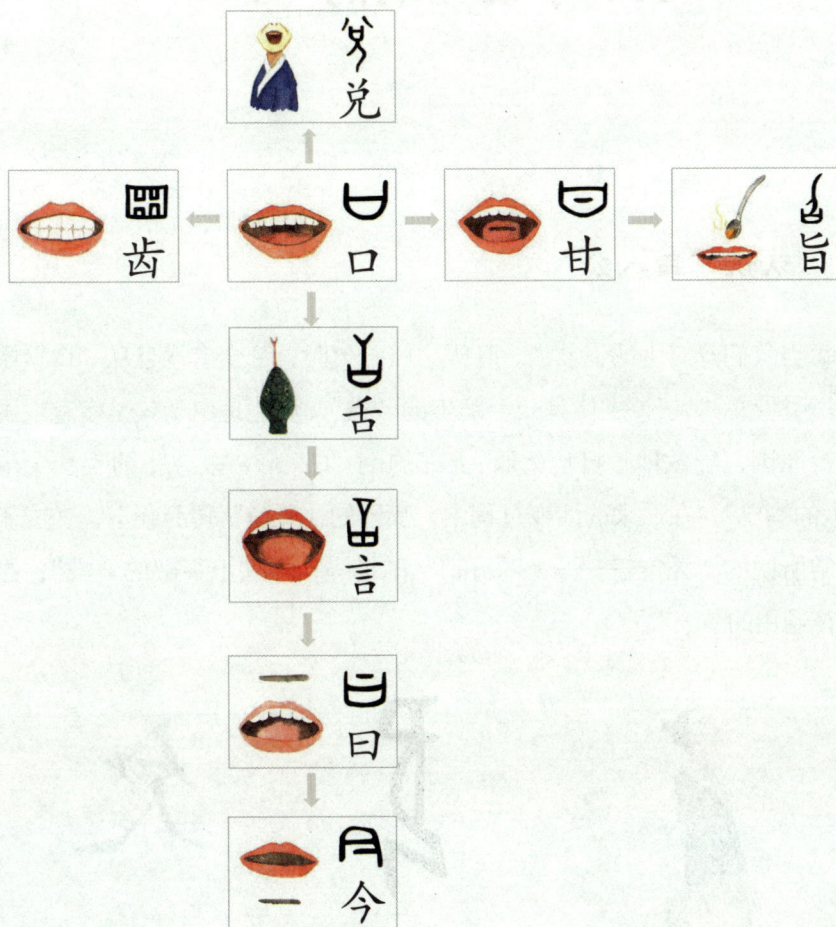

17. 呼吸吐纳的"口"

　　每当我们开口讲话、歌唱、呼吸、打哈欠时，都会有气息从"口"中吐出来。甲骨文"欠"，主体是一个跪坐的"人"，可能是由于久坐疲惫或困倦瞌睡等原因，导致他"打哈欠"，上部的倒"C"形，以夸张的手法突出了"张大的嘴巴"。在后来的演变过程中，嘴巴的"开口"转而朝下，变成了我们通常所说的"秃宝盖——冖（mì）"的模样，再加上下部的"人"，组成了现在通用的"欠"。

| 甲骨文"欠" | 楷书"欠" |

走进"朋友圈"

　　古时候没有电灯，晚上就寝需要熄灭油灯，常用的动作是"吹"。此外，"吹"也是演奏乐器的重要方式，如吹箫、吹唢呐、吹笛子，等等。"吹"

这个动作，需要把嘴撮圆，使气流从口中或急促或缓慢地吐出来。甲骨文"吹"，以"欠"为基础，在右上部添加口字旁，以突出嘴巴的动作。后来，"欠"与"口"位置互换，形成了现在通用的"吹"。

甲骨文"吹"　　　　　楷书"吹"

"情动于中而形于言，言之不足，故嗟叹之，嗟叹之不足，故永歌之。"自古以来，不论是吟诗还是唱和，"歌"都是表情达意的重要方式。形声字"歌"，以"哥"表声，以"欠"表意。之所以用"欠"作部首，意在强调"打开口腔，控制气息，吐字发声"是"歌唱""歌吟"的基本动作。

甲骨文"歌"　　　　　楷书"歌"

甲骨文"饮"，左下是代表酒或酒坛的"酉"，右上是"欠"的变形，通过"弯腰、低头、张嘴"的动作，突出豪饮、一饮而尽的意思。在"酉"和"欠"的中间，还有一个类似"向上箭头"的符号，仿佛是咕咚咕咚吸入口中的美酒。

在后来的演变过程中，用"饣"代替了"酉"，变成了现在的字形。之所以如此变化，是因为"饮""食"二字关系紧密，甚至可以通用。古人经常把"饮酒"说成"吃酒"，这里的"酒"就被视为可以食用的东西了。

甲骨文"饮"　　　　楷书"饮"

不论是盛有美酒的"酉",还是盛放珠宝的"皿",都会引来盗贼贪婪的目光。甲骨文"盗",下部是盛放宝物的器皿,右上部是"欠",表示看到宝物后不自觉地张开嘴巴发出"惊叹",同时还流出了贪婪的口水,左上部的两点就是口水的象形,真可谓垂涎三尺了。在后来的演变过程中,上部的两点和"欠"合并为表示口水的"次(xián)",最终简化为"次",与下部的"皿"组合起来,形成了现在通用的"盗"。

甲骨文"盗"　　　　隶书"盗"　　　　楷书"盗"

💡 点亮"思维场"

"饮""盗"二字启示我们,当面对美味、财宝等诱惑时,要保持平和的心态。遇到美酒不能贪杯,遇到宝贝不能心生邪念。如此,方能守得住本心。

梳理"关系图"

18. 发号施令的"口"

认识"主人公"

"一言九鼎""君子一言，驷马难追""人微言轻"，这三个成语有相同的特点：都带有"言"字，都与说话有关。不同之处在于说话的人，身份有别，分量不同。

手握重权的人，自然掌握着发号施令的权力。甲骨文"令"，上半部分是宫殿顶部的象形，以此来代表主人的权威，下部的"卩（jié）"，是"跪坐在殿宇之上的人"，表示他正在发布命令。

甲骨文"令" 　　　　楷书"令"

走进"朋友圈"

"命令"一词，在音韵学中属于"叠韵"，这种由韵母相同的两个字连缀而成的词语，关系往往特别紧密。在甲骨文中，"命""令"二字不仅意思相近，写法也完全一样，就是我们在上面看到的"令"的样子。后来，为了区分字形，又在"令"的左下部添加了表示发布命令的"口"，表意更加完整，这就是现在通用的"命"。

甲骨文"命"　　　　　楷书"命"

与"命""令"二字意思相近的还有"司令"的"司"。甲骨文"司"，左下部依然是发号施令的"口"，其余的两笔像一个侧立的人，他高抬起手臂指向远方，表示"指引方向"。把"发号施令"和"指引方向"两重意思组合起来，就是司令的"司"。

甲骨文"司"　　　　　楷书"司"

在发号施令的人中，拥有至高权力的是君主。甲骨文"君"，照例突出了代表话语权的"口"，上部是"手握权杖"的样子，二者组合起来表示手握重权、金口玉言的人。在后来的演变过程中，上部的笔画演变为"尹"，下部的"口"没有变化，组成了现在通用的"君"。

甲骨文"君"　　　　　楷书"君"

　　在传统文化中,有"长兄如父"的说法。因此,"兄"通常是家族里面掌握话语权的人。甲骨文"兄",下部是侧立的"人",上部是张大的"口",用以突出"发布指令"的意思,以此来表示兄长的角色。在后来的演变过程中,下部的"人"变成了"儿",与上部的"口"组合,形成了现在通用的"兄"。

甲骨文"兄"　　　　　楷书"兄"

　　甲骨文"如",也是"人"和"口"的组合体。不过,这是一个跪地俯首的女子,她显得非常卑微,正在接受从上方的"口"中发出的指令,只能遵照执行,没有任何商量妥协的余地。在后来的演变过程中,"女"和"口"的组合一直没有改变,只是"口"挪到了右边,形成了左右结构的"如"。

甲骨文"如"　　　　楷书"如"

💡 点亮"思维场"

　　通过这组字的学习，我们感受到了话语的权威和力量。古人讲"一言兴邦，一言丧邦"，当手握权力的时候，说话要慎重，因为这可能牵扯到国家大计、民生福祉。即使作为一个普通人，说话也要把握分寸，因为话一旦出口就不可收回，"祸从口出"当记心头。

🔍 梳理"关系图"

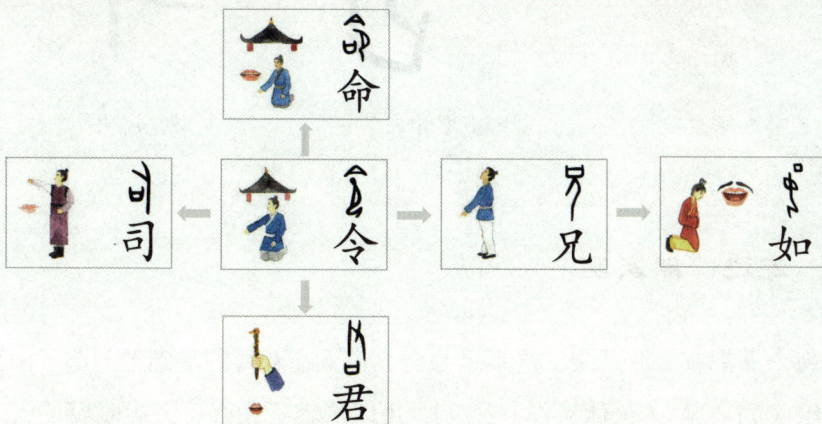

19. 喜忧参半的 "耳"

在前面的学习中，我们知道了 "口" 是重要的发声器官。那么，谁是收音器官呢？当然是 "耳"。这一讲，咱们就来说说 "耳"。

甲骨文 "耳" 是典型的象形字，不论是外面的耳轮，还是里面的耳廓，都清晰可辨，一目了然。在后来的演变过程中，"耳" 的造型更为方正，笔画更加平直，但还能依稀看出象形的痕迹。

甲骨文 "耳"　　　　楷书 "耳"

走进 "朋友圈"

每个人都有一双耳朵，这不足为奇。古人在双耳的基础上创造了由三只耳朵组成的 "聂"（繁体写作 "聶"），用以形容听力好、天生聪慧的人。在后来的简化过程中，保留了上部的 "耳"，下部的双 "耳" 用 "双" 代替，定型为现在通用的"聂"。

我们知道，中华人民共和国国歌《义勇军进行曲》的曲作者是聂耳。有人说，这与他的名字有关系，"聂（聶）耳"二字由"四个耳朵"组成，难怪他能成为"人民音乐家"。你觉得有道理吗？如果有，那可真是"人如其名"了！

楷书繁体"聶"　　　　　楷书"聂"

甲骨文"听"，左边是"耳"的象形，右边是"口"的象形。二者组合起来，巧妙地模拟了从嘴巴发声到耳朵收音的过程。在后来的演变过程中，"耳朵"变形为"斤"，并与"口"的位置进行了对调，定型为现在通用的"听"。

甲骨文"听"　　　　　楷书"听"

"听"的近义词是"闻"。甲骨文"闻"，主体是跪坐的"人"，前方是捂住嘴巴的"手"，侧后方是一只放大的"耳朵"，合起来表示捂住嘴巴，屏住呼吸，侧耳倾听，这就是听闻的"闻"。在后来的演变过程中，"耳"的字形被完整地保留下来，其他笔画变成了表音的"门"，组成了半包围结构的形声字"闻"。

甲骨文"闻"　　　　　　楷书"闻"

"耳"这个字挺有意思，既可作为"聪""圣"等褒义字的重要部件，也是"取"（割耳）、"馘（guó）"（斩首）等含义颇为凶险的字的一部分。下面，咱们就依次来说说。

甲骨文"圣"，以"人"字为基础，在左侧和上部分别添加了"口"和"耳"两个部件，表示既善于用耳朵倾听，又善于用嘴巴表达。久而久之，于事无所不通，于理无所不明，就离圣人越来越近了。繁体字"聖"，上部保留了表意的"耳"与"口"，下部变成了表音的"壬（tǐng）"，属于上形下声的形声字。在后来的简化过程中，变成了上"又"下"土"的"圣"，但能听善说的痕迹已经湮没殆尽了。

甲骨文"圣"　　　楷书繁体"圣"　　　楷书"圣"

在古代战争中，获胜者常把杀死或俘获的敌人的左耳割下来，以数量多少确定军功，接受封赏。甲骨文"取"是会意字，右边是"手"的象形"又"，正要去抓取左侧刚被割下来的血淋淋的"耳朵"。

甲骨文"取"　　　　楷书"取"

　　割取左耳以作军功，还有另外一种写法是"聝"。这是一个左形右声的形声字，左边的"耳"用来表意，右边的"或"用来表声。

篆书"聝"　　　　　　楷书"聝"

　　说到计算军功，还有另外一种最为残忍的方式"斩取首级"，根据人头的多少计算军功。这就是以"首"表意、以"或"表音的形声字"馘（guó）"。

篆书"馘"　　　　　　楷书"馘"

点亮"思维场"

　　在这一讲的学习中，我们通过"聂""圣"等字感受到了"善听"的重要性。善听是求知、做人、处事的良好习惯，尤其要记住"兼听则明，偏听则暗"的忠告，使自己成为一个明辨是非的人。

梳理"关系图"

20.炯炯有神的"目"

　　孟子说："听其言，观其眸，人焉廋（sōu）哉？"意思是说，听一个人说话的时候，注意观察他的眼睛，他的善恶真伪怎能隐藏的了呢？这句话点明了一个妇孺皆知的道理，眼睛是心灵的窗口。

　　金文"目"，是一个典型的象形文字，外圈是眼眶，里圈是眼珠，简练地再现了眼睛的特征。在后来的演变过程中，字形变得更加方正，由"横目"变成了"纵目"，也就是现在通用的竖长形的"目"。

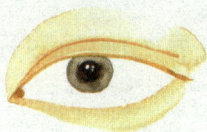

金文"目" 　　　　楷书"目"

　　甲骨文"面"，以"目"为核心，外面是一个近似菱形的边框，除此之外没有其他器官。在后来的演变过程中，"面"的字形日趋方正，但依然能从里面的两竖两横看到"目"的痕迹。

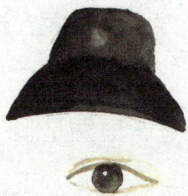

甲骨文"面"   楷书"面"

　　金文"冒"，本义是"帽子"，上部"月牙形"的部件是"帽子"的象形，下部是代表头部的"目"，合起来表示将帽子戴在头上。在后来的演变过程中，上部的月牙形演变为类似"曰"的"冃"，与下部的"目"组合起来，定型为现在通用的"冒"。

甲骨文"冒"   楷书"冒"

　　"甲胄"的"胄"与"冒"意思相近，都与"帽子"有关。不过，"胄"是一种有特殊用途的帽子，是将士们在战场上使用的头盔。金文"胄"，上部是头盔的象形，下部同样是代表头部的"目"。在后来的演变过程中，上部的"头盔"变成了用来表音的"由"，下部的"目"变成了"月"，组成了现在通用的"胄"。

金文"胄"   楷书"胄"

眼睛是重要的观察器官，识人辨物、观形察色，都离不开它。金文"见"，以"人"为基础，上部是夸张的炯炯有神的大眼睛。在后来的演变和简化过程中，上部的"横目"先变成"纵目"，再变成类似"冂（jiōng）"的模样，下面的"人"变成了近乎"儿"的样子，组成了现在通用的"目"。

金文"见"　　　　楷书繁体"见"　　　　楷书简体"立"

《西游记》中的孙悟空飞上云端举目远眺的时候，有一组经典的动作——抬起右手，搭在额头，定睛观瞧，尽显"千里眼"的神通。篆书"看"，再现了手搭凉棚的样子，上部是抬起的"手"，下部是炯炯有神的"目"。在漫长的演变过程中，"看"的字形一直非常稳定，沿用至今。

篆书"看"　　　　楷书"看"

"看"的距离有远近之别。远距离看，有个更准确的说法"望"。甲骨文"望"与甲骨文"见"的字形比较相近，上部都是"睁大的眼睛"，下部都是"人"字，但"望"的底部多了一横，用来代表"站立的土堆"或"登高远眺的某个地方"。

金文"望"，"眼睛"和"人"的朝向都发生了反转，右上增加了"月"，用来表示远望的对象，同时契合中国人望月思乡的文化心理，内涵更加丰富，意思更为准确。

在后来的演变过程中，左上的"眼睛"变成了类似"亡"的模样，下部"站立在土堆上的人"变成了"王"，虽然笔画变得有些抽象，但都具有表音的功能，再与右上的"月"相组合，形成了现在通用的"望"。

甲骨文"望"　　　　金文"望"　　　　楷书"望"

说完了"远望"，咱们再来说近距离看。远古时期，没有镜子，古人就在盆中倒满水，以水面为镜。为了看得更清楚一点，就要尽量靠近水盆。甲骨文"监"，左边是"盛水的器皿"，右边还是"眼睛"与"人"的组合，不过这个人没有像"望"那样高高地站立着，而是躬身跪地，以便尽可能地接近水面，看清面容。在后来的演变和简化过程中，这几个部件的位置和写法都有变化，"皿"挪到了下部，"眼睛"变成了"两竖"，"人"变成了类似"个"的样子，定型为现在通用的"监"。

甲骨文"监"　　　　楷书"监"

上面讲到的这些字，都是由"单目"加上其他部件组合而成的。接下来，咱们看一个带有双目的字例。篆书"瞿"，上部是一双眼睛，下部的"隹"代表鹰隼（sǔn）之类的猛禽。它们的眼睛最为敏锐，可以从万米高空发现地上的猎物，一个俯冲就能海底捞月，手到擒来。在鹰隼家族中，猫头鹰的夜视能力尤其突出，能在漆黑的夜晚捕捉猎物，靠的就是那双目光如炬的眼睛。当你仔细端详"瞿"这个字的时候，眼前有没有浮现出猫头鹰那双在夜晚散发着寒光的眼睛？

篆书"瞿"　　　　　　楷书"瞿"

远古时期，"目"的命运与"耳"相比，有过之而无不及。甲骨文"臧"，左上部是一只眼睛，右侧是极具杀伤力的武器"戈"，合起来表示"用锋利的戈刺瞎眼睛"，这是一种极其残忍的虐待战俘或罪犯的手段。在后来的演变过程中，"眼睛"变成了"臣"，而且挪到"戈"的左下部，又在"臣"的外侧增加了表示读音的"爿（pán）"，这是"床"的本字，也是"戕（qiāng）"的省写，都有表音的作用。如此一来，字形更加完整，定型为现在通用的"臧"。

甲骨文"臧"　　　　　　楷书"臧"

与"臧"的字理比较接近是"民"。"民"的本义是"奴隶",他们是被利刃刺瞎眼睛的战俘。与"臧"相比,甲骨文"民"的字形更为简单,上部是"目",下部是行刺的"锐器",手柄较短,不像"戈"那么细长。在后来的演变过程中,字形变得有些抽象,用法也发生了变化,演变为百姓、民众等意思。

甲骨文"民"　　　楷书"民"

点亮"思维场"

在这一讲中,我们重点了解了"目"的字理。人工智能时代,我们长时间接触手机、电脑等电子产品,"眼睛"的负荷大大增加,"近视率"居高不下。科学用眼,适度用眼,讲究卫生,保护视力,显得尤为迫切,刻不容缓。让我们从现在做起,持之以恒,久久为功,习惯成自然。

梳理"关系图"

21．翕张开合的"鼻"

认识"主人公"

鼻，是为数不多的"一人饰多角"的面部器官。它既是呼吸通道的起点，又肩负着嗅觉的重任，还是辅助发声的器官。甲骨文"鼻"，用简练的线条勾勒出鼻子的轮廓，这就是象形字"自己"的"自"。后来，为了准确区分"自"和"鼻"，又在"自"的下部添加了表示读音的"畀（bì）"，变成了现在通用的"鼻"。

| 甲骨文"鼻" | 楷书"自" | 楷书"鼻" |

走进"朋友圈"

我们都知道狗的嗅觉异常灵敏。甲骨文"臭"，下部是"犬"的象形，上部是代表鼻子的"自"，二者组合起来，代指犬的鼻子，借指嗅觉灵敏。后来，以有无口字旁为标志，区分"嗅"与"臭"，"嗅"表示"嗅觉"，"臭"特指难闻的气味。

甲骨文"臭"　　　楷书"嗅"　　　楷书"臭"

金文"罪"，上部是代表鼻子的"自"，下部是施刑的"刑刀"，合起来的意思是"用刀把罪犯或敌人的鼻子割下来"。《岳飞传》中金兀术的军师哈迷蚩，就被抗金名将陆登割掉了鼻子，以示对侵略者的惩罚。

由于金文"罪"的写法，与皇帝的"皇"字非常相近，所以秦始皇在命令丞相李斯创造"小篆"时，将"罪"的上部改写为表意的"网"，以示"天网恢恢，疏而不漏"，下部改写为表音的"非"，形成了上形下声的"罪"。后来，上部的"网"变成"四"，与下部的"非"组合，形成现在通用的"罪"。

金文"罪"　　　篆书"罪"　　　楷书"罪"

在汉字发展演变的过程中，有些字简化力度非常大。比如"旁边"的"边"，繁体写作"邊"，字形非常复杂。但是，当你理解了它的来历后，就不难识记了。甲骨文"边"由两部分组成，上部是表示"鼻子"的"自"，下部是"上嘴唇"的象形，可以理解为"上嘴唇"在"鼻子"的"下边"，也可以理解为"上嘴唇"是"口"的"边缘"，不论哪种解释，都体现了"边"的含义。在后来的演变过程中，下部增加了"方"字，其实这是"旁边"的"旁"的省写，进一步突出了"边"的意思。同时，在左下部增加了代表"行走"的"辶"，表示行走到了边缘，这几部分组合起来，就是看上去笔画比较复杂的繁体字"邊"。经过简化，最终定型为现在通用的、笔画简练的"边"。

| 甲骨文"边" | 楷书繁体"边" | 楷书简体"边" |

点亮"思维场"

看到上面的"边"，容易使人想到"边远""边缘"等词汇。当地处边远或身处边缘，面对人生困境的时候，既要有"行到水穷处，坐看云起时"的淡泊，也要有"山重水复疑无路，柳暗花明又一村"的信念，还要有"位卑未敢忘忧国""处江湖之远则忧其君"的责任与担当。

梳理"关系图"

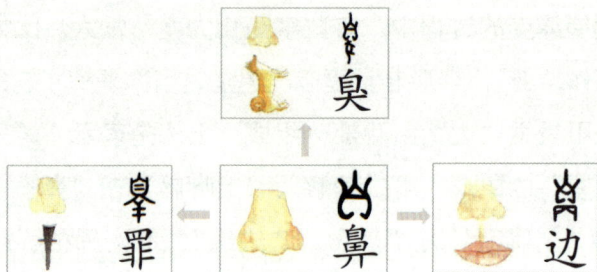

22. 面上须发的"毛"

认识"主人公"

古典名著《红楼梦》关于林黛玉的外貌描写是这样开头的"两弯似蹙非蹙罥（juàn）烟眉"，看似无足轻重的毛发，往往具有画龙点睛的作用。这一讲，我们就来走进"面上须发的'毛'"。

甲骨文"眉"是象形文字，以"眼睛"为基础，在上面顺势勾画了两道曲线，极其简练传神地表现了眉毛的特征。在后来的演变过程中，上部的"眉毛"变成了"尸"与短"竖"的组合体，加上下部的"目"，组成了现在通用的"眉"。

甲骨文"眉"   楷书"眉"

走进"朋友圈"

古诗中有"巧笑倩兮，美目盼兮"，"一顾倾人城，再顾倾人国"等经典诗句。这些诗句的主人公正是"眉目传情""一笑百媚"的女子。甲骨文

"媚",下部是"女",上部是"眉"。在后来的演变中,"女"和"眉"的位置有所变化,形成了左右结构的形声字"媚"。

甲骨文"媚"　　　　　　楷书"媚"

与眉毛和胡须相比,"头发"是最浓密的"毛发"。"头发"的"发",繁体写作"髮",是一个上形下声的形声字。下面的"犮"用来表音,上面是"髟"用来表意。具体说来,"髟"的左侧是繁体"長"的变形,表示长发;"髟(biāo)"的右侧是表示须毛的"彡(shān)",左右组合起来代表"长长的毛发"。

篆书"发"　　　楷书繁体"发"　　　楷书简体"发"

与毛发有关的字大都用"髟"作表意的形旁,再加上表示读音的声旁,组成了一系列形声字。比如,"鬓""髭""髯",等等。

篆书"鬚""髭""髯"

　　"胡须"的"须"，本来特指长在下巴上的胡子。甲骨文"须"，以"人"字为基础，突出了上部的"口"，"口"右下侧的几根线条是"须"的象形。金文"须"，将"口"变成了表示"头"的"首"的模样，意味着"须"不再局限于长在下巴上，而是泛指脸部的胡须。在后来的演变过程中，代表胡须的线条变成了左侧的"彡"，"人"和"头"合为一体，变成了"页"，定型为左右结构的"须"。

  须

甲骨文"须"　　　　金文"须"　　　　楷书"须"

　　严格地说，胡须的位置不同，名字也各不相同。与"须"相对，长在嘴上边的叫"髭（zī）"，汉乐府《陌上桑》中就有"行者见罗敷，下担捋髭须"的诗句。长在两腮上的叫作"髯（rǎn）"，《三国演义》里的关羽就是著名的"美髯公"。

　　"髯"原本写作"冉"，意思是两腮的胡须，也泛指胡须。甲骨文"冉"，由两个"倒 V 字形"组合而成，外部的"倒 V 字形像"是从额头到两腮的轮廓，下端延长的部分是胡须下垂的样子，内部的"倒 V 字形"像是嘴唇上的髭须，彼此嵌套，交错共生。在后来的演变过程中，冉的字形日

趋方正：篆书"冉"已经具备了长方的外框，但两侧分叉的笔画还保留着胡须的象形；楷书"冉"变得更加抽象和方正，仍然依稀可以看出胡须下垂的样子。

甲骨文"冉"　　　篆书"冉"　　　楷书"冉"

中原的汉人与西域的胡人相比，胡须更为浓密的当然是后者。如果以中原为中心，地处偏远的西域或其他边疆地区，就是"那里"的所在。篆书"那"，左侧是表示胡须的"冉"，用西域人胡须浓密的特征代指遥远的地域，右侧是表示居住地点的"邑"，合起来表示遥远的有人居住的地方，也就是那里的"那"。在后来的演变过程中，左侧"冉"的写法更为简练，右侧的"邑"简化为"阝"，组成了现在通用的左右结构的"那"。

篆书"那"　　　楷书"那"

再回到胡须。面颊两侧以及下巴上的胡须往往连为一体，古人称之为"而"。甲骨文"而"是象形文字，上面横向的一笔描摹了左部面颊的轮廓，下面"纵向的笔画"像下垂的胡须。在后来的演变过程中，"而"的字形变得更加方正，但依然能看到胡须下垂的样子。

甲骨文"而"　　　　楷书"而"

古人讲究"身体发肤，受之父母，不敢毁伤"，是说头发和胡须不能随便剃除，否则就是对父母的大不敬。针对这个习俗，古人发明了一种把面颊上的胡须剃掉，以示羞辱的刑罚，篆书"耐"表现的就是这个情景，左边的"而"代表胡须，右边的"寸"代表拿着剃刀的"手"。

篆书"耐"　　　　楷书"耐"

💡 点亮"思维场"

"耐"的字理原本是一种有辱尊严的刑罚。古典名著《三国演义》中就有关于曹操"割须弃袍"的故事，被有些人看作是一代枭雄的奇耻大辱。这究竟是怎么回事呢？感兴趣的话，可以找来读一读，想必会有更大的收获！

梳理"关系图"

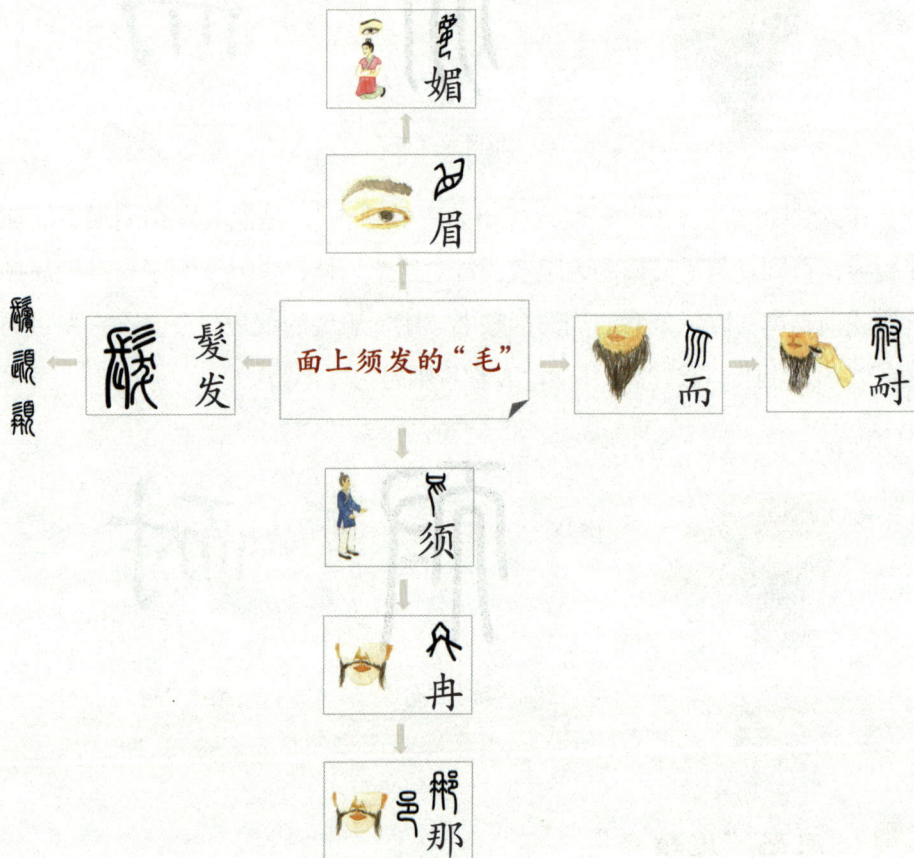

23. 纵目疏发的"首"

认识"主人公"

　　在前面的学习中，我们讲到了"三星堆"遗址的青铜面具和极其夸张的眼睛，想必大家一定记忆犹新。其实，不论是神秘的古蜀文明，还是灿烂的中原文化，远古先民对"眼睛"都极为重视。

　　金文"首"，以"纵目"为主体，中间添加了代表"瞳孔"的"点"，造型更加传神；"目"上部像"梳子"一样的笔画，是"头发"的象形。二者组合起来就是"首"，也就是口语所说的"头"。

金文"首"　　　　楷书"首"

走进"朋友圈"

　　与"首"意思相近的字还有"页"，它们都用来代指"头"。金文"页"，以"首"为基础，在下部增添了跪坐的"人"，造型更加完整。但在整体布局上，下部的"人"极度收缩，让位于主体形象的"首"。在后来的演变和简化过程中，上部的"首"几乎无从辨识，下部的"人"依然清晰可辨，这就是现在通用的"页"。

金文"页"　　　　楷书"页"

"华夏"是中国的古称，也是中原王朝和汉民族的别称。金文"夏"，主体是上部的"页"，下部添加了"双手"和"双脚"，组成了"头、躯干、四肢俱全的人"。在后来的演变过程中，"四肢"有所简化，并与上部的"页"融为一体，变成了现在通用的"夏"。

金文"夏"　　　　楷书"夏"

在汉字家族中，"页"常常被用作"首"的"替身"，表示"头"的部首大都由"页"来充当。比如，我们在上一讲中谈到的"须"，就是由表示胡须的"彡"和表示"头部"的"页"组合而成，意思是头上的胡须。

甲骨文"须"　　　　　楷书"须"

　　像"须"这样，由"页"充当表意的部首，再与其他部件组合形成新字，不乏其例。比如，"顶""额""颊""颔"，都是在"页"的基础上，添加表音的部件，组成的形声字。

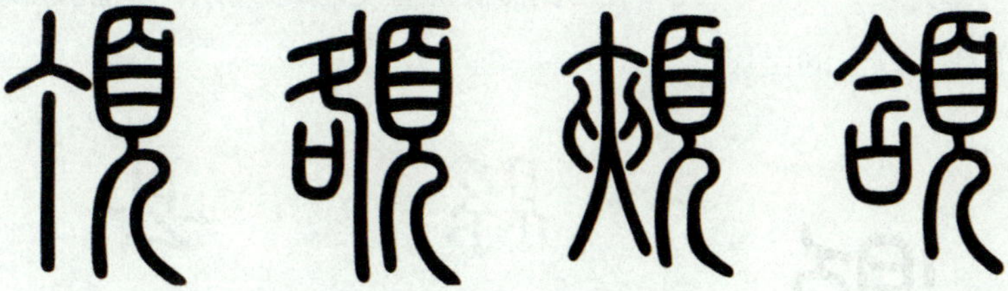

篆书"顶""额""颊""颔"

　　当然，并不是所有的"首"都变成了"页"。金文"道"，由代表"道路"的"行"和代表"头"的"首"组合而成。这里的"首"是首领、领头的意思，表示前进的道路上离不开首领的引导。因此，这里的"道"与"导"意思是相通的。在后来的演变过程中，"行"简化为"辶"，"首"保留至今，组成了半包围结构的"道"。

金文"道"　　　　　楷书"道"

远古时期，斩首示众或割取首级请功领赏都是极其残忍的陋习。这些行为也被定格在"县""悬""馘"等字当中。

"县"，繁体写作"縣"。篆书"县"，左侧是倒立的"首"，右侧是代表绳索的"系"，合起来表示用绳索把首级倒悬起来，高挂在城门或其他醒目位置，以达到警示众人的作用。因此，这里的"縣"与"懸"的意思是相通的。

由于斩首示众、倒悬城头等行为使人心惊胆寒。古人又在"縣"的下部添加了表意的"心"字底，以此区分"縣"与"懸"的字形。在后来的简化过程中，二者省却了表示绳索的"系"，变成现在通用的"县"和"悬"。如此一来，"县"与"首"在字形上形成了垂直反转的关系，也就是说，"县"可以看作是"首"的倒影。

縣

楷书繁体"县"

县

楷书简体"县"

篆书"县"

懸

楷书繁体"悬"

悬

楷书简体"悬"

💡 点亮"思维场"

在这一讲的学习中，我们了解到"首"与"县"在字形上是垂直反转的关系。与之类似的字还有不少，比如甲骨文"大"与"屰"，甲骨文"止"与"帀"，甲骨文"曰"与"今"，等等。

梳理"关系图"

慎 頌 嫂 頷 ……

须

夏

首 页

省 道　　　首　　　县 悬

第四章

天象篇

TIANXIANGPIAN

24.行走不辍的"日"

认识"主人公"

曹操在《观沧海》中写道:"日月之行,若出其中;星汉灿烂,若出其里。"日月、星辰和大海的浩瀚与壮阔,令人神往。接下来,咱们就重点来说说与"三光者,日月星"等天象有关的字。

古时,人们过着"日出而作,日落而息"的生活。太阳,须臾不可或缺地影响着先民的作息和生活。先民依靠"日",观察"日",创造了象形文字"日",衍生出一系列带有"日"字元素的汉字。

甲骨文"日",用简练的圆圈描摹了"太阳"的外形,中间的"点",有人说是太阳里的神鸟"金乌",有人说是太阳里的"黑子"。不论哪种说法,都体现了先人非凡的观察力、想象力和表现力。后来,外部的"圆圈"变成了"方框",里面的"黑点"变成了短横,定格为字形竖长的"日"。

甲骨文"日"　　　　楷书"日"

走进"朋友圈"

　　早晨，每当太阳从地平线上冉冉升起，崭新的一天就开始了。甲骨文"旦"，上部是刚刚从地平线上探出头来的"日"；下部的"圆圈"，代表阳光被山丘、树木等物体遮挡，在地上留下的或深或浅的"光影"。在后来的演变过程中，下部表示"光影"的"圆圈"变成了代表"地平线"的"一"，与上部的"日"相组合，形成了现在通用的"旦"。

甲骨文"旦"　　　　　　楷书"旦"

　　唐代诗人孟郊在《游子吟》中写下了千古传唱的名句，"谁言寸草心，报得三春晖。"甲骨文"朝"，以"日"为中心，周围是破土而出的小草，形象地再现了初升的太阳把光辉洒向草丛的情景。与此同时，草丛里还出现了"一弯月牙"。说到这里，不得不佩服古人敏锐的观察力。有时候，在旭日初升时，月亮还没有完全退去，"日月同辉"的组合更能准确地表现这个时刻。在后来的演变过程中，四周的"小草"变成了上下两个"十"字，"日"穿插其间，右侧是"月"，形成了左右结构的"朝"。

甲骨文"朝"　　　　　　楷书"朝"

观察日出的时候，除了地平线、小草之外，树木也是重要的参照物。甲骨文"杲（gǎo）"，以"木"为坐标，"日"已经升到了树梢之上，这是一天当中最为美好的"晨光"。三国时期的大才子曹植就曾经写下过"嘉杲日之休光"的诗句，意思是喜欢初升的太阳发出的明亮的光芒。在漫长的演变过程中，"杲"的写法相当稳定，一直保留着上"日"下"木"的造型。

甲骨文"杲"　　　　　　楷书"杲"

唐人白居易曾经写过一首清新绮丽的小诗《暮江吟》："一道残阳铺水中，半江瑟瑟半江红。可怜九月初三夜，露似真珠月似弓。"题目中的"暮"点明了时间，正是傍晚日落时分。

甲骨文"暮"，再现了落日的余晖洒满草地的情景。"日"的周边是"小草"，用"太阳躲进草丛"的画面，表现暮色苍茫的景象。这就是"暮"最初的字形"莫"。

看到"莫"及相关的"日"和"草"等部件，你是否觉得似曾相识？没错，甲骨文"朝"也含有相同的"日"和"草"，但"朝"字中间加入了清晨尚未消失的"残月"，借此区分"朝"和"莫"的字形。大家看，咱们的祖先是不是非常智慧？

在后来的演变过程中，为了进一步突出日落、傍晚时分等意思，又在"莫"的下部增加了表意的"日"，定型为现在通用的"暮"。

甲骨文"暮"　　　楷书"莫"　　　楷书"暮"

与"暮"类似的字还有"昏"。说二者类似，一是因为意思相近，二是因为构字方法相同，都是借助参照物来表意的。甲骨文"昏"，上部是手臂低垂的"人"，"日"在手臂的下方，表示太阳已经落得很低了，光线昏暗，恰是黄昏时分。在后来的演变过程中，上部的"人"变成了"氏"，再加上下部的"日"，组成了上下结构的"昏"。

甲骨文"昏"　　　　楷书"昏"

当太阳在空中一刻不停地运转时，地上的树木处于相对静止的状态，见证着从早晨到黄昏的每个时刻。说到这里，你是否想起了上面讲到的"杲"，那是初升的、光彩夺目的太阳。甲骨文"杳"与"杲"的部件相同，树还是那棵树，太阳还是那轮太阳，但是二者的位置发生了变化。这时的太阳悄悄挪到了树木的根部，说明夜幕已经降临了。在后来的演变过程中，"杳"一直保留着上"木"下"日"的字形。

甲骨文"杳"　　　楷书"杳"

从"旦"到"杳",太阳的轨迹周而复始,古人把十天作为一个单位,称之为"旬"。

甲骨文"旬",由"十"和表示"回环"的笔画组合而成,十天一个循环,就是"一旬"。另有一种说法是,"十"是"甲"的初文,"甲"是"天干"之首,古人以"天干"记日,"甲、乙、丙、丁、戊、己、庚、辛、壬、癸"十天轮流一次,就是"一旬"。

在后来的演变过程中,又添加了代表时间的"日",突出了日复一日的含义,其他笔画演变为"包字头——勹",组成了现在通用的"旬"。

甲骨文"旬"　　　楷书"旬"

三旬一月,三月一季。一年四季,又被称作"四时"。欧阳修就曾在《醉翁亭记》中写道:"野芳发而幽香,佳木秀而繁阴,风霜高洁,水落而石出者,山间之四时也。"甲骨文"时",上部是表音的"止",下部是表意的"日"。同时,这里的"止"代表行走的脚步,也有表意的作用,与"日"合起来,代表"行走的永不停歇的太阳"。寒来暑往,形成四季轮回。因此,这里的"时"与"季"的意思是相通的。后来为了准确区分字义，"时"与"季"的字形有所分化，变成了"左日右寺"的繁体字"時"，最终定型为左"日"右"寸"的简体字"时"。

季

楷书"季"

時

时

甲骨文"时"　　楷书繁体"时"　　楷书简体"时"

点亮"思维场"

在这一讲中，我们看到了太阳"忙碌"的身影，从早到晚，从一天到一旬，一月，一年……时间一分一秒地流失，如此匆匆，一去不返。"明日复明日，明日何其多。""我生待明日，万事成蹉跎。""人生百年几今日，今日不为真可惜！"让我们学会珍惜时间，做一个勤奋惜时的人吧。

梳理"关系图"

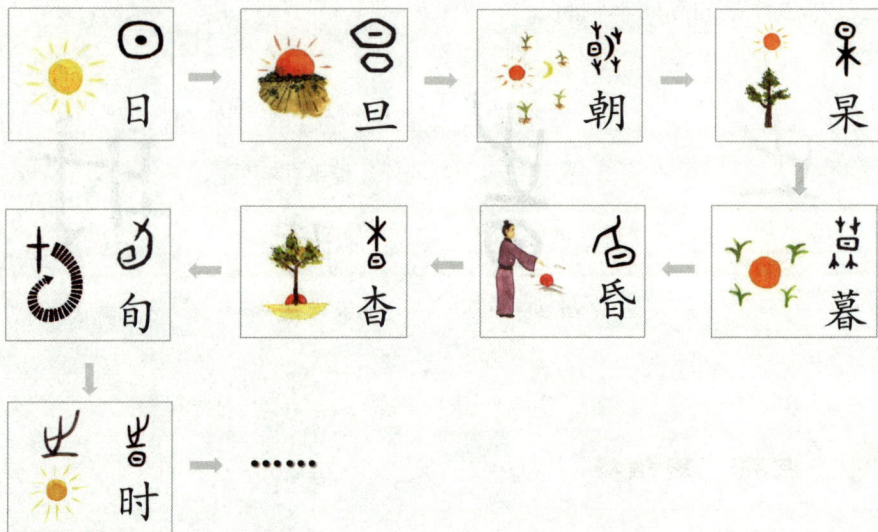

25. 清辉皎皎的"月"

认识"主人公"

在中国人的心灵深处，有着深厚的望月情怀，乃至月亮崇拜的文化心理。这一讲，咱们就来说说"月"。

甲骨文"月"是象形字，酷似"一弯新月"。在后来的演变过程中，"弯月"内部又增加了短竖或是双横等简单笔画，最终定型为现在通用的"月"。有人说，里面的短竖、双横等笔画是月亮温柔的眼神，也有人说，那是月亮皎洁的光辉。不论哪种说法，中国人都给月亮赋予了美好的情愫。

甲骨文"月"　　金文"月"　　楷书"月"

走进"朋友圈"

李白在《把酒问月》中写道："今人不见古时月，今月曾经照古人。"古往今来，月亮静静地守护着夜空，洒下皎洁的清辉，驱散了黑暗，送来了光明。

甲骨文"明",左边是"月",右边是"日",将两个明亮的天体组合起来,自然无限光明。在后来的演变过程中,"月"与"日"的位置进行了互换,变成了现在通用的"明"。

甲骨文"明"　　　　楷书"明"

大文豪苏东坡在《赤壁赋》中写道:"盈虚者如彼,而卒莫消长也。"意思是说,月亮圆而缺,缺而圆,圆而又缺,循环往复,亘古不变。甲骨文"亘(gèn)",上下两横分别代表"天"和"地",中间是"弯月"的象形,合起来表示"弯月"日趋盈满,满而又缺,缺而复满,周而复始,恒久不变。这里的"亘"与"恒"意思是相通的。在后来的演变过程中,用"日"替换了天地之间的"月",形成了现在通用的"亘"和"恒"。

甲骨文"亘"　　　楷书"亘"　　　楷书"恒"

对于中国人来说,"望月"既是一种文化传承,也是一种精神寄托。"举头望明月,低头思故乡","海上生明月,天涯共此时","今夜月明人尽望,不知秋思落谁家",类似的诗句浩如烟海,不胜枚举。望月的地点可以是旷野,也可以是山间;可以是庭院,也可以是屋内⋯⋯

金文"间",是上下结构的字,上面是高悬于夜空的"月亮",下面是

"两扇屋门"，不过门没有关紧，露出了一道缝隙，从中间可以望见月亮，以此表示中间的"间"。在后来的演变过程中，头顶的"月"演变成了门里的"日"，形成了半包围结构的"间"。

金文"间"　　　　　　楷书"间"

"月有阴晴圆缺"，在盈虚消长、周而复始的过程中，月亮每月都要"休息"一天，这天晚上是看不到月亮的，也就是农历的初一，古人称之为"朔日"。按照规定："告朔之礼，天子居宗庙，闰月居门中。"意思是说，农历每月初一这天，周天子或诸侯国国君要到宗庙去举行祭祀或听政的仪式，每隔三年五载赶上闰月的时候，要在宗庙正室的门中居住。篆书"闰"，表现的正是这个场景，"门"还是那扇门，但朔日这天没有月亮，又赶上闰月，就把代表天子的"王"放到"门"中，形成了半包围结构的"闰"。

篆书"闰"　　　　　　楷书"闰"

有人说，夜晚是月亮的"专场"；也有人说，夜空是月亮的"T台"……不论哪种说法，都表明"夜"与"月"的密切关系。

金文"夜"，主体是"亦"，"亦"的本义是人的腋窝，用来表示"夜"

的读音;"亦"右下部的"、"替换成了"月",起到了表意的作用,如此组合,形成了结构紧凑的形声字"夜"。

当你凝视金文"夜"时,眼前能否浮现出悄悄地躲在一旁又忍不住探出头来的那轮弯月,能否感受到月亮投射出来的朦胧的、羞涩的目光。如果是,就为自己丰富的想象和审美能力点赞吧!

金文"夜" 楷书"夜"

古人崇拜神灵,嗜好占卜。占卜活动一般在白天进行,如果安排在晚上就是例外情况。金文"外",左边是"月",右边是"卜",合起来表示例外、意外等意思。在后来的演变过程中,"月"定型为"夕",加上右边的"卜",组成了现在通用的"外"。

金文"外" 楷书"外"

古人讲究"日出而作",但也有例外的时刻。甲骨文"夙",上部是一轮尚未消失的"残月",下面是"手持禾苗的农夫",合起来表示农夫在太阳尚未出来之前,借着月光在田间劳作,突出了"早"的意思。从篆书"夙"开始,"月"定型为"夕",其他笔画逐步演变为"凡",最终形成了半包围结构的"夙"。

甲骨文"夙"　　　篆书"夙"　　　楷书"夙"

 **点亮"思维场"**

　　在上面的学习中，我们认识了"日月同辉"的"明"。关于"明"的字理，金文"明"中的"日"也可写作类似"囧（jiǒng）"的样子，这是"窗户"的象形，与"月"组合起来，表示月光穿过窗户，给屋子里带来了光明。你同意这种观点吗？为什么？

金文"明"　　　　　　　　楷书"明"

梳理"关系图"

26. 一胞三胎的"月"

如果把汉字比作一个大家族，"月"就是其中的"多胞胎"；如果把汉字比作一个大舞台，"月"就是舞台上"一人分饰多角"的"明星"。那么，"月"的胞兄胞弟都有谁？"月"还能饰演哪些角色？不着急，咱们慢慢道来。

唐诗中有"夕阳无限好，只是近黄昏"，宋词中有"夕阳西下几时回"，元曲中有"夕阳西下，断肠人在天涯"……这些诗文中，都带有"夕阳"二字，此时正值日落时分，也是月升之时。

甲骨文"夕"，没有独立的字形，古人借用"月"之形来代指"夕"之时，可谓妙矣。也就是说，"夕"是借用"月"的字形来表意的。在后来的演变过程中，"夕"与"月"的字形逐渐分化，外轮廓变成了类似"斜刀头——⺈"的样子，里面包裹着一"丶"，定型为现在通用的"夕"。

甲骨文"夕"　　　楷书"夕"

走进"朋友圈"

古人讲："夕者，冥也。"意思是说，夜幕降临以后，光线昏暗，视线不好，若想在夜色中找人，需要呼唤或通报姓名。甲骨文"名"表现的正是这个情景，左侧是称名道姓的"口"，右侧是表示时间的"夕"。在后来的演变过程中，"口"与"夕"的位置有所变化，定型为上下结构的"名"。

甲骨文"名"　　　　　　　楷书"名"

甲骨文"肉"，同样是象形文字。这是一整块五花肉，"肉"的轮廓恰与"月"的样子相近。五花肉肥瘦相间，有清晰可辨的纹理，金文用两条"横"来表示，字形依然与"月"字相同。后来为了区分字形，篆书把两条"横"变成了两个倒"V"形，楷书又变成两个"人"字，外面的轮廓也变成了"冂"，形成了现在通用的"肉"。

甲骨文"肉"　　　　　金文"肉"

篆书"肉"

楷书"肉"

在饔（yōng）飧（sūn）不继、朝不保夕的远古时期，能有肉吃，是非常奢侈的事情。金文"有"，右上部是代表手的"又"，左下部是代表肉的

"月",合起来表示拥有、占有等意思。在后来的演变过程中,"月"的造型保持不变,上部的"又"进行了水平翻转,形成了现在通用的"有"。

金文"有"　　　　楷书"有"

如果几块肉堆在一起,那可真的是富得流油了。甲骨文"多",由上下罗列的两块"肉"组合而成。在后来的演变过程中,两块"肉"变成了两个"夕",这就是现在通用的"多"。

甲骨文"多"　　　　楷书"多"

上文讲到,在汉字演变的过程中,"肉"与"月"的字形逐渐分化,各表其意。但是,"肉"作部首时,依然写作"月"字旁或"月"字底,并形成了阵容强大的"月"字族。比如,"肝""胆""腿""脚""脊""背""胃""肾",等等。

篆书"肝""胆""腿""脚"

篆书"脊""背""胃""肾"

💡 点亮"思维场"

在汉字家族里,像"月""夕""肉"这样的"同形异义"字,还有很多。比如,"少"与"小"、"太"与"大"、"王"与"玉"等,都值得我们好好探究它们背后的渊源。

梳理"关系图"

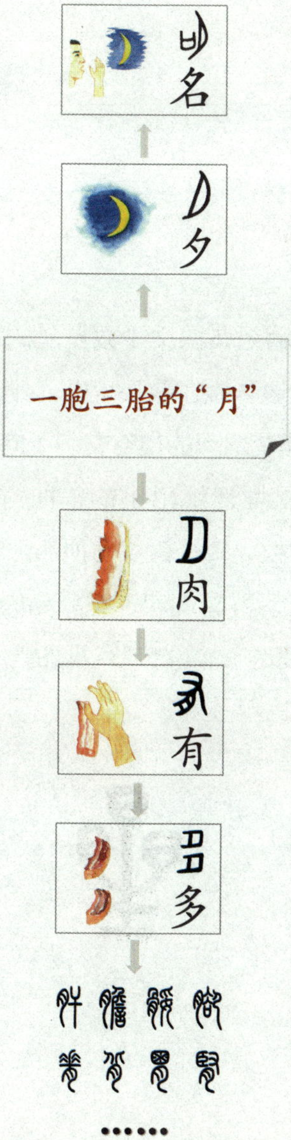

	名
	夕

一胞三胎的"月"

	肉
	有
	多

......

27.晶莹璀璨的"星"

认识"主人公"

小学语文教材中有一篇经典课文《数星星的孩子》，开篇是这么写的："晚上，满天的星星像无数珍珠撒在碧玉盘里。"读到这句话，想必大家都会浮想联翩，对繁星点点、晶莹璀璨的夜空充满了向往。

金文"星"，就像三星堆遗址出土的"神树"，下部是表音的"生"，"生"的顶部又像分开的树杈，每个树杈的顶部都擎着一个表意的"日"，三个"日"组成了"晶"，表示群星璀璨、亮晶晶的意思。在后来的演变和简化过程中，三个"日"省写为一个"日"，再加上下部的"生"，组成了现在通用的"星"。

金文"星"　　　　　楷书"星"

走进"朋友圈"

在汉字演变和简化过程中，像金文"星"这样，把部件"晶"省写为

"日"的现象是比较常见的。比如，"参""雷""集""飞""尘"等字，我们逐一来介绍一下。

"参"是古人划定的二十八星宿之一，自然属于"星"的范畴。金文"参"，上部依然用三个"日"代表亮晶晶的"星星"，下部是一个跪坐仰望星空的"人"，左下的"彡"代表闪闪的星光。在后来的演变过程中，三个"日"变成了三个"厶（sī）"，"人"在中间，"彡"在下部，这就是繁体"參"。在简化过程中，三个"厶"省写为一个"厶"，"人"变成了"大"，再与"彡"相组合，形成了现在通用的"参"。

金文"参"　　　楷书繁体"參"　　　楷书简体"参"

篆书"雷"，上部是代表天气现象的"雨"字头，下部的三个"田"是"车轮"的象形，用车轮滚滚的隆隆声，代表轰隆作响的雷声。在后来的演变过程中，三个"田"省写为一个"田"，与上部的"雨"字头组合，定型为现在通用的"雷"。

篆书"雷"　　　　　楷书"雷"

金文"集"，以下部的树为载体，上面停歇着三只"鸟"，表示聚集、集合等意思。在后来的演变过程中，上部的三只"鸟"变成了代表一只"鸟"

的"隹",再加上下部的"木",组成了现在通用的"集"。

金文"集"　　　　楷书"集"

再来说说另一个与"鸟"有关的字"飞"。篆书"飞",上部突出了"鸟"头部的翎毛,下部是鸟飞行时展开的双翅,完整地表现了飞鸟的姿态。在后来的演变过程中,选取了代表翎毛或右翅的部件,简化成现在通用的"飞"。

篆书"飞"　　楷书繁体"飞"　　楷书"飞"

篆书"尘",上面以三只"鹿"代表鹿群,下面的"土"代表脚踏的土地,生动地再现了鹿群奔跑时尘土漫天的情景。在后来的演变过程中,上部的三只"鹿"省写为一只"鹿",与下部的"土"组合成繁体字"塵"。最终在简化过程中,"鹿"改写为"小",再加上下面的"土",形成了从"小"从"土"的会意字"尘"。

篆书"尘"　　楷书繁体"尘"　　楷书"尘"

点亮"思维场"

"小土尘,小大尖;不好孬,不正歪。""田力男,大力夯,少力劣。"……看到这里,你有什么发现?你还知道哪些类似的字?想不想继续搜集整理?如果是,那就赶紧行动吧!

梳理"关系图"

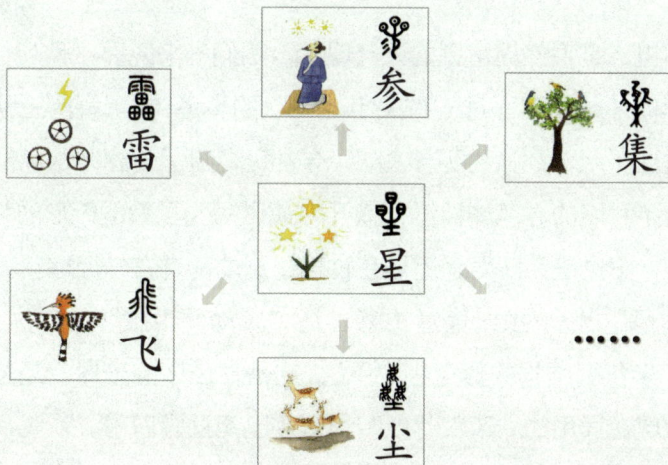

28. 无形有踪的 "风"

认识 "主人公"

　　风雨雷电，是自然界常见的天气现象。咱们先来说说 "风"。

　　唐代李峤（qiáo）写过一首关于 "风" 的字谜诗，"解落三秋叶，能开二月花。过江千尺浪，入竹万竿斜。" 诗中既写到了萧瑟的秋风能让黄叶飘零，也写到了和煦的春风能让鲜花盛开，最后写到了看似无形的风却能留下有形的痕迹，不论是在江面，还是在竹林，到处都有它的行踪。

　　篆书 "风"，以 "虫" 表意（意思是 "风动而虫生"），以 "凡" 表音，二者组成了半包围结构的形声字 "風"，这是 "风" 的繁体。经过后来的简化，定型为现在通用的 "风"，"虫" 的痕迹已无从辨识了。

篆书 "风"	楷书繁体 "风"	楷书 "风"

走进 "朋友圈"

　　风虽无形，但我们可以根据风声、风速以及体感等特征做出判断。

　　"凉飕飕"的"飕（sōu）"，重在表现体感，这是凉风习习，使人神清气爽的风。"秋风飒飒"的"飒（sà）"，突出了风的声响，清晰而又悦耳。不论是体感，还是声响，如此量级的风都是舒适宜人的。

　　与之形成强烈反差的是"疾风""狂风""飓风"。这样的"风"又该怎样表示呢？古人在"风"的左边加上既表音又表意的由三条"犬"组成的品字形结构的"猋（biāo）"，用风驰电掣、急速奔跑的样子，来代表风速，这就是狂飙的"飙（biāo）"。

篆书"飕""飒""飙"

　　我们曾在"月""夕""肉"一节中，了解到汉字起源中"同形异义"的现象。其实，最初的"风"与"凤"也是同形同源的关系，"风"是借用"凤"的字形来表意的。在后来的演变过程中，二者的字形逐渐发生了分化。"凤"的外面是表音的"凡"，里面是表意的"鸟"。"风"变成了"凡"与"虫"的组合。在简化过程中，它们分别定型为简体字"凤"和"风"，"鸟"和"虫"的痕迹都无处可寻了。

篆书"凤"　　　　楷书"凤"

点亮"思维场"

在汉字文化中,有一种将字理与字谜结合在一起的文字游戏。泰山上有一块著名的石刻,上书"虫二"两字,你知道其中的含义吗?提示一下,"虫"与"风"有关,"二"与"月"有关。剩下的,就交给你自己去探究吧。

梳理"关系图"

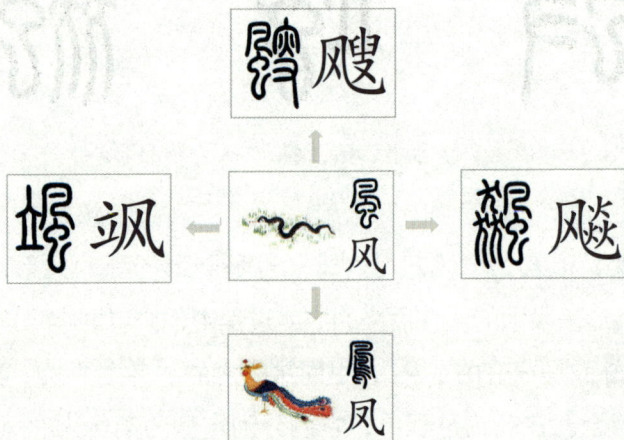

29. 千变万化的"雨"

认识"主人公"

　　蒙学经典《千字文》中有"云腾致雨，露结为霜"的语句。短短的八个字，讲到了"雨"的四种形态：云、雨、露、霜。

　　甲骨文"雨"，造型非常简练，上部一横，代表天上的乌云，下面的笔画是雨滴的象形，合起来表示从天而降的"雨"。在后来的演变过程中，上部的"云"与下部的雨滴连为一体，字形也更加方正，但依然能看出雨点的痕迹。

甲骨文"雨"　　　　楷书"雨"

走进"朋友圈"

　　雨量有大有小，雨势有急有缓，降雨的时间有长有短……为了区分不同的雨，古人给它们起了不同的名字。

春天是播种耕耘的季节，干渴的土地最需要雨水的滋润。好雨知时节，此时来一场"及时雨"最受欢迎，人们送它一个好听的名字"甘霖"。甲骨文"霖"，上部是"雨"的象形，下部是"林"，"林"中的"竖点"像极了飘落的雨滴。

甲骨文"霖"　　　　楷书"霖"

夏天，冷热空气对流激烈，最容易形成大雨、暴雨等恶劣气象，这种雨叫"霈"，意思是雨势盛大，雨量充沛。

"一场秋雨一场寒。"秋天，季节交替快，气温变化大。此时，如果赶上秋雨绵绵的天气，萧瑟湿冷的感觉会愈发强烈，这就是"秋雨霏霏"的"霏"。

篆书"霈"　　　　楷书"霈"　　　篆书"霏"　　　楷书"霏"

如果说"暴雨"是急脾气，那么"零雨"就是慢性子。《诗经》中就有"我来自东，零雨其濛"，意思是我从东山回来，冒着不急不躁、徐徐而下的蒙蒙细雨。这种雨就称之为"零雨"，简称"零"。甲骨文"零"，上部是"雨"的象形，下部是"带着尾巴的雨滴"，形象地表现了雨滴缓缓坠落的样子。

甲骨文"零"　　　　楷书"零"

有些雨来得快，走得也快。这种下不了多长时间就停下来的雨，叫作"零"。篆书"零"，由"雨""妾"组成，二者都有表意的作用。妾的本义是"女奴"，后来多指小老婆，这里借用"小"的意思，来形容小而短暂的"雨"。后来，"零"引申为很短的时间，比如霎时、一时半霎等词语。

篆书"霎"　　　　楷书"霎"

东汉思想家王充在《论衡》一书中提到："云雾，雨之微也，夏则为露，冬则为霜，温则为雨，寒则为雪。"这段话说到了雨的多种样态，当雨以水汽存在时，就是飘逸的云或缥缈的雾；夏秋时节，空气湿度大，在昼夜温差加剧的早晨，就会变成草尖上的露珠；冬天天气寒冷，"露"转而为"霜"，"雨"转而为"雪"。

篆书"云""雾""露""霜""雪"

除此之外,雨还有雹、霰等特殊样态,它们都是雨点遇到冷空气凝成的冰粒。"雹"个头较大,有时能大如鸡蛋,一般出现在夏天冷热空气交汇,形成强对流天气的时候。"霰"一般出现在冬天降雪开始之前,是小米粒大小的颗粒样态。

篆书"雹""霰"

点亮"思维场"

这一讲,我们着重研究了雨的名字和形态,千变万化的雨真是太有趣了!其实,同样千变万化的还有雨雪的声响。王禹偁(chēng)在《黄冈竹楼记》中写道:"夏宜急雨,有瀑布声;冬宜密雪,有碎玉声。"这些声响是不是特别美妙啊,赶紧去找来原文读一读吧。

梳理"关系图"

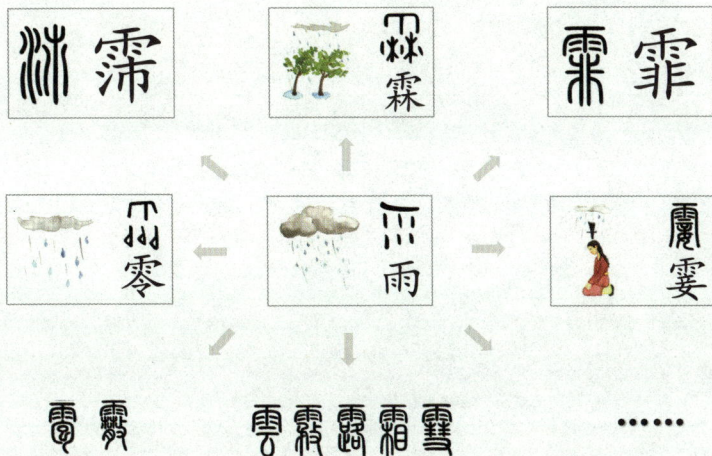

第五章

地貌篇

DIMAOPIAN

30. 奔流不息的"川"

★ 认识"主人公"

远古先民"仰则观象于天，俯则取法于地"，创造了最初的文字。上一章，我们围绕天象展开了学习，这一章，我们再来认识地貌。

蛮荒时期的先民过着居无定所的生活，他们"逐水草而居"，以便狩猎觅食、繁衍生息。由此可见，水源丰富之地，河川流经之处，是人类文明发展的摇篮。

甲骨文"川"，左右两笔像蜿蜒的河岸，中间一笔像奔腾的水流，简练的三笔，传神地勾勒出河川的面貌。靠水而居的生活方式，从远古时期传承至今，现在的许多地名里依旧保留着"川"的痕迹。比如，陕西省延安市延川县、河南省南阳市淅川县、四川省阿坝州汶川县，等等。

甲骨文"川"　　　　楷书"川"

 **走进"朋友圈"**

人们常说，"九曲黄河十八弯"。尽管大河浩荡，但在奔流向前的过程中，有曲折，也有迂回，并非一帆风顺，而是历尽波折、终归大海。因此，"川"还有一个更为形象的写法"折川——〰"，三笔中间的拐角，像极了蜿蜒曲折的河道。

"〰"化直为曲，不仅更形象，而且字形更紧凑，给下面的部件留足了空间。与"川"类似，带有"〰"的字常用作河流和地名。比如，广西南宁有邕江和邕宁区，山东淄博有淄河和淄川区，等等。

篆书"邕"	楷书"邕"	篆书"淄"	楷书"淄"

河流有大有小，河面有宽有窄，河水有深有浅。遇到水面窄、水流浅的小河，可以跨过去或者蹚过去。甲骨文"涉"，中间"S"形弯曲的笔画代表河流，河流两侧各有一只脚，表示正要从河面上跨过去。在后来的演变过程中，河流变成了左侧的"氵"，双脚组成了"步"，形成了左右结构的"涉"。

甲骨文"涉"　　　楷书"涉"

　　在跨河或蹚水的过程中，稍有不慎便可能有沉溺的危险。甲骨文"沈"两侧弯曲的笔画代表河流，中间是不慎失足落水或被投入水中用来祭祀的"牛"，旁边的"点"是落水或挣扎时溅起的水花。在后来的演变过程中，左侧保留了"氵"，右侧变成了"尤（yín）"，意思是头戴枷锁的人，合起来表示获罪戴枷的人被沉入水中。

甲骨文"沈"　　　　　　楷书"沈"

　　俗话说："逢山开路，遇水搭桥。"渡河最安全的办法是架桥通过。金文"梁"，左侧是代表河流的"水"，右侧是拱桥的象形，合起来表示桥梁。在后来的演变过程中，下部又添加了表意的"木"，突出了木桥的属性，组成了上下结构的"梁"。

金文"梁"　　　　　　楷书"梁"

　　在奔流的河道中间，有时会出现类似小岛的陆地，郁郁葱葱，生机勃勃，这样的地方被称为"州"。甲骨文"州"，以"川"为基础，在中间加入了代表小岛的"圆圈"，本义是水中的陆地。在后来的演变过程中，中间的圆圈一分为三，进而简化为三个点，从左向右嵌入到"川"的中间，形成了现在通用的"州"。

甲骨文"州"　　　篆书"州"　　　楷书"州"

荀子说："积土成山，风雨兴焉；积水成渊，蛟龙生焉。"当河水流经地势低洼的地带，容易汇聚成渊潭或湖泊。甲骨文"渊"，用"圆圈"表示水域的轮廓，中间嵌套着代表水流的"川"字，意思是深潭或有漩涡的水。在后来的演变过程中，甲骨文"渊"变成了"片""丬"的组合体，既象形又表音，左侧还添加了表意的"氵"，组成了繁体字"淵"，最终简化为左右结构的"渊"。

甲骨文"渊"　　楷书繁体"淵"　　楷书"渊"

水流并非永远平静，也有泛滥成灾的时候。甲骨文"昔"，上面类似两个"W"的笔画代表汪洋恣肆的"洪水"，下面的"日"代表时间，也就是洪水泛滥的那个时候，合起来表示从前、过去的意思。在后来的演变过程中，上面肆意横流的"洪水"变成了"共"字头，下面的"日"保持不变，形成了现在通用的"昔"。

甲骨文"昔"　　　楷书"昔"

在汉字家族中，"川""水"都是非常活跃的组成部分。它们常常变作"氵"，与其他部件组成数量众多的"水"字族，如"溪流""江河""湖泊""海洋"，等等。

篆书"溪""流""江""河"

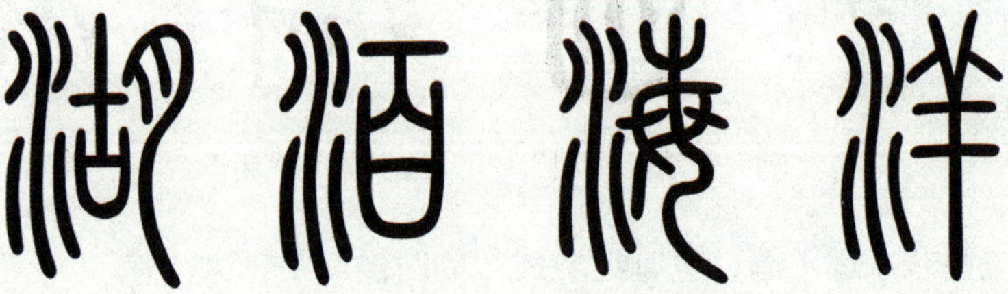

篆书"湖""泊""海""洋"

点亮"思维场"

这一讲，我们由"川"认识了"州"，了解了它俩之间的内在联系。在前面的学习中，我们由"大"认识了"亦"。在后续学习中，我们还会在"刀"的基础上认识"刃"。

细心的你可能已经发现，每组字的差异就在"点"的增减上。这些"点"是用来表意的，起到了画龙点睛的作用，这种造字方法被称为"指事"。那么，用来指事的笔画，除了"点"，还会有什么呢? 我们在第六章《草木篇》的学习中，会遇到"木"这个字，以它为基础，也会衍生出一系列的指事字，届时，可以多加留意。

梳理"关系图"

31. 高低起伏的 "山"

认识 "主人公"

　　刘禹锡的《陋室铭》开篇是这样写的："山不在高，有仙则名。水不在深，有龙则灵。"作者将"山"与"水"相互对举，颇具哲理，耐人寻味。在汉语语汇里，像这样山水相依、如影随形的用法还有很多，比如，"山高水长""高山流水"等。上一讲，我们已经认识了"水"，这一讲，咱们再来说说"山"。

　　甲骨文"山"，是笔画简练的象形字，由三座不分高下的山峰组合而成。在后来的演变过程中，这些山峰都简化为表示上下贯通的"丨（gǔn）"，也就是我们通常所说的"竖"，而且主次分明，高低错落，形成了中间高、两边低的字形。

甲骨文"山"　　　　楷书"山"

![图标] **走进"朋友圈"**

与"山"字形相近的是"丘"。甲骨文"丘"，比"山"少了一座山峰，用两座山峰表示山势更为平缓，本义是小土山。大教育家孔子的诞生地就有一座小山丘，被称作"尼山"。孔子，名丘，字仲尼，就取名于"尼山"。这座海拔仅有 300 多米并不起眼的小山丘，因为孔子而名闻天下。这正是"山不在高""江山也要圣人扶"的生动注解。

甲骨文"丘"　　　楷书"丘"

不论是三座山峰的"山"，还是两座山峰的"丘"，都只是山脉的组成部分。当一座座山峰连接、叠加在一起，就形成了连绵起伏、层峦叠嶂的群山。甲骨文"岳"，上部和下部各有一个"山"字，表示山峰众多；中间的"V"形笔画，表示山谷；三者之间用短"竖"连为一体，表示连绵不断。在后来的演变过程中，定型为"上丘下山"的"岳"。

甲骨文"岳"　　　楷书"岳"

山岳，可矗立在大地之上，也可或潜或露于海洋、湖泊等水域之中。那些露出水面的山，被称之为"岛"。篆书"岛"，上部是"鸟"，下部是四面环水的"山"，用"鸟"驻足于"山"表示字义。

篆书"岛"　　　　　楷书"岛"

　　山脉连绵起伏、高低错落，高耸的地方是山峰，低洼的地方是山谷。把"山""谷"二字组合起来，就是"峪"。透过字形就可以明了字义，真可谓清晰可辨，一目了然。

篆书"峪"　　　　　楷书"峪"

　　与"峪"类似的，带有"山"的会意字还有我们熟悉的"仙"。云雾缭绕的山峰之上，是传说中神仙居住的地方，也是求仙问道的所在地。"山"与"人"组合在一起，字义清晰明了，山上之人即为"仙"。

篆书"仙"　　　　　楷书"仙"

💡 **点亮"思维场"**

像"峪""仙"这样，将两个字的意思组合起来形成的新字，叫会意字。以会意字为题材，还可以写出有趣的对联。比如，上联是"鸿是江边鸟"，至于下联嘛，有多种答案，比如，"蚕是天上虫""仙为山上人""岩为山下石"……你喜欢哪一联，为什么？

🔍 **梳理"关系图"**

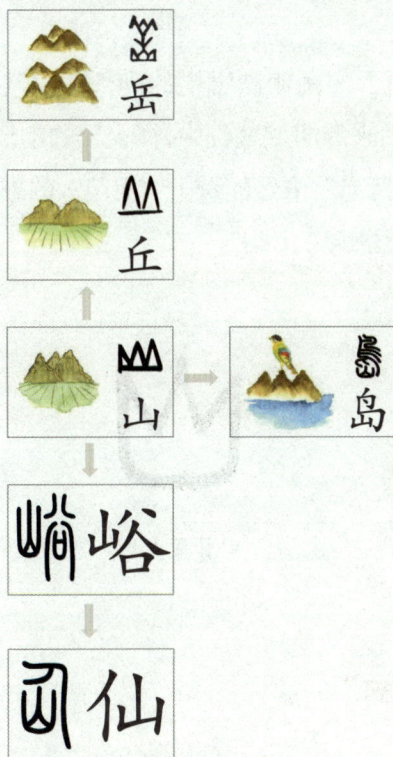

32. 熊熊燃烧的"火"

有人说，学会用火是人类文明进化的里程碑。自此以后，人类才告别了茹毛饮血的蛮荒时代。

甲骨文"火"，源于一团熊熊燃烧的烈火，将其外部轮廓勾勒出来就是"火"的造型。在后来的演变过程中，"火"的字形变得比较抽象。但从"人"的起笔和"左右两点"依然能看出"火苗"的影子，"人"下部的笔画恰似支撑在一起正在燃烧的"木柴"。

甲骨文"火"   楷书"火"

走进"朋友圈"

毛主席说，"星星之火，可以燎原"，由此可见"火种"的重要性。篆书"主"，上部正中的"竖"是象征火种的灯芯，其余笔画自上而下依次代表灯盏、灯座、灯台。远古时期的火种非常珍贵，一般由一族之长负责保管，因此"主"又引申出主持、主管、主宰、当家作主等意思。在后来的演变过程中，表示灯盏的"U"形曲线变成了"一"，与下部的笔画组成了"王"，再加上表示灯芯的"、"，定型为现在通用的"主"。

篆书"主"　　　　楷书"主"

灯盏的火苗和光亮是微弱的。甲骨文"幽"，上部是"丝"，下部是"火"，以细丝象征火苗的微弱，这就是"幽暗"的"幽"。在后来的演变过程中，下部的"火"变成了"山"，与"丝"穿插组合，形成了现在通用的"幽"。

甲骨文"幽"　　　　楷书"幽"

燃烧是一个从点燃到旺盛再到渐次熄灭，最终化为灰烬的过程。"灰""烬"二字都带有火字，但又有细微的差别。古人说："火之余木曰烬，死火之烬曰灰。"意思是说，火烧之后剩余的木块、木炭之类的东西，就是"烬"。火熄灭冷却后剩下的屑末残渣，就是"灰"。篆书"灰"，下部的"火"代表熄灭后剩下的屑末，上部的"手"正要去抓取这些东西，说明已经完全冷却了。

篆书"灰"　　　　楷书"灰"

　　这一讲开篇我们就讲到，学会用火让人类告别了茹毛饮血的生活。篆书"炙"，由上部代表肉的"月"与下部的"火"组合而成，表示用火烧烤肉类。此后，"炙"的字形和结构相当稳重，沿用至今。

篆书"炙"　　　　楷书"炙"

　　从"炙"的字形，无法判断所烤之物是何种肉类。篆书"然"则不同，左边是"炙"，右边是"犬"，表明这是狗肉。在后来的演变过程中，"炙"下部的"火"变成了"灬"，上部是"月"与"犬"的组合体，形成了上下结构的"然"。

篆书"然"　　　　楷书"然"

　　甲骨文"焦"，以落入火堆的"鸟"为造型。鸟的羽毛非常易燃，碰到一点火毛就会被烧焦，最终化为灰烬。在后来的演变过程中，上部的"鸟"变成了"隹"，下部的"火"变成了"灬"，形成了结构紧凑的"焦"。

甲骨文"焦"　　　　　楷书"焦"

　　上面讲到的"然""焦"二字，表意的"火"均演变为"灬"。除此之外，"火"作为常用部件，在构字时还有其他写法。

　　隶书"赤"，下部"四笔"就是"火"的变形，与上部的"土"组合起来，正好对应阴阳五行中"火生土"的含义。另外，"土"经过火烧会变成红色，这正是"赤"的颜色。

隶书"赤"　　　　　楷书"赤"

　　甲骨文"光"，上部是"火"的象形，下部是跪坐的"人"。二者组合起来，一方面表示火给人间带来了光明，另一方面表达了人类对火种、光明的崇拜。在后来的演变过程中，上部的"火"变成了"光字头——⺍"和"一"的组合体，下部的"人"变成了"儿"，这就是现在通用的"光"。

甲骨文"光"　　　　楷书"光"

💡 点亮"思维场"

　　我们已经知道,"光"是由"火"与"人"组合会意的。看到这里,你是否想起了在前面章节认识的"兄""见""欠"等字,它们在构字方式上,与"光"有什么相同之处呢?感兴趣的,可以进行对比研究。

🔍 梳理"关系图"

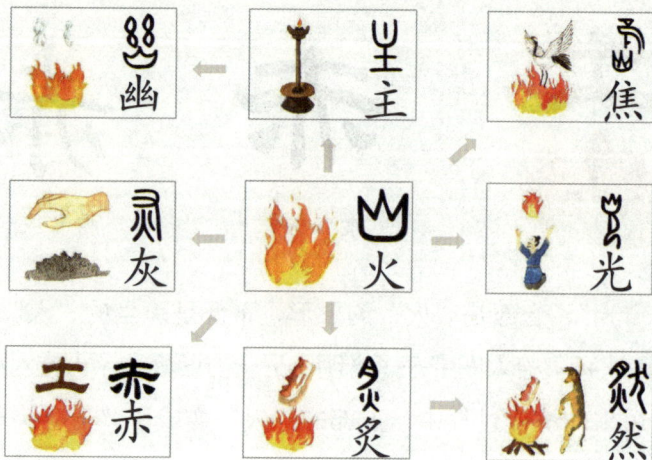

33. 方方正正的"田"

认识"主人公"

从游猎到定居，农耕文化促进了中华民族的繁衍生息，滋养了绵绵不绝的中华文明。每个中国人的心灵深处都有一个田园梦，正如习近平总书记所说的："望得见山，看得见水，记得住乡愁。"

甲骨文"田"是象形文字，生动地反映了商周时期"井田制"的土地形态，字形由数量不等的象征田地的"方格"拼接组合而成，方格数量最多可达十二块。在后来的演变过程中，简化定型为四块方格，这就是现在通用的"田"。

甲骨文"田"　　　　楷书"田"

走进"朋友圈"

春天是播种的季节，幼苗沐浴在春日的阳光中茁壮生长。金文"苗"，下部是代表土地的"田"，上面是两个"屮"，像是刚出土的小苗，充满了生命的气息和向上的力量。

金文"苗"　　　　楷书"苗"

甲骨文"甫"与"苗"字形非常相近，下部都是四四方方一块"田"，不过"甫"上面变成了一个"屮"，成了实实在在的"独苗"。在后来的演变过程中，下部的"田"变成了"用"，上部的"屮"变成了"十"与"、"的组合体，定型为现在通用的"甫"。"甫"的本义是苗圃的"圃"，表示育苗的地方。

甲骨文"甫"　　　楷书"甫"　　　　楷书"圃"

鲁迅在《少年闰土》中有这样的描写："有一个十一二岁的少年，项带银圈，手捏一柄钢叉，向一匹猹（chá）尽力的刺去。那猹却将身一扭，反从他的胯下逃走了。"至于"猹"是什么动物暂且不论，但从中可以看出，田里经常会有野兽出没，因此也会留下各自不同的足印。

金文"采"，用简练的线条描摹了一只野兽的脚掌，以表示"兽足"，并与表示人足的"止"加以区别。由于这些足印经常出现在田间，在后来的演变过程中，"采"的下部又增加了"田"，形成了上下结构的"番"。

金文"采"　　楷书"采"　　楷书"番"

　　北京颐和园有一处别具特色的景点"耕织图"，它生动再现了传统社会男耕女织的生活图景。这种生活方式，也激发了古人造字的灵感。甲骨文"男"，上部是表示地点的"田"，下部是"力"。"力"原指古代一种翻土耕田的农具"耒（lěi）"，在这里借指力量的"力"。由于耕田耗费体力，主要由男子承担。因此，用"田""力"组合起来表示"男"。

甲骨文"男"　　　　楷书"男"

　　农耕是非常辛劳的事情，往往要从天蒙蒙亮的卯时，也就是早上六点左右下地耕作，一直干到太阳落山。金文"留"，上部是开始劳作的时间"卯"，下部是耕作的地点"田"，合起来表示整天留在田里，强调了"留"的时间和状态。

金文"留"　　　　楷书"留"

点亮"思维场"

　　农忙时节，田里到处是热火朝天的劳动景象，许多人都在齐心协力地忙碌着。从字源上来说，齐心协力的"协"与我们在上面认识的"力"有着非常密切的关系。感兴趣的话，可以深入研究一下，相信会有更多的收获！

甲骨文"协"　　　　　篆书"协"　　　　　楷书"协"

梳理"关系图"

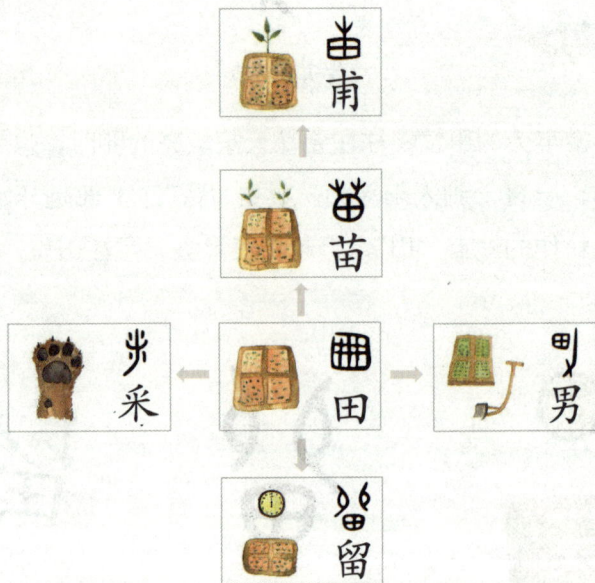

34. 厚德载物的"土"

认识"主人公"

不论是《诗经·硕鼠》中写的："逝将去女，适彼乐土"，还是现代诗人艾青的《我爱这土地》中表达的，"为什么我的眼里常含泪水？因为我对这土地爱得深沉"。都足以看出土地在生民心中的分量。

甲骨文"土"，下面一横像地面，上面是类似"土堆"的象形。也有人说，下部的"二"像地面和地下，中间的"丨"像是扎根于地下，从地面吐出来的苗木。

甲骨文"土"　　　　楷书"土"

走进"朋友圈"

篆书"生"，上面是代表幼苗的"屮"，下部是生长幼苗的"土"，二者通过中间的"竖"贯通起来，表示幼苗破土而出、生生不息。同时也表现了土地厚德载物、生养万物的品格。

篆书"生"　　　　　楷书"生"

　　古人日出而作，日落而息。广阔的土地既是他们劳作的地方，也是他们生活的家园。久而久之，在田地的附近，人们逐渐聚集形成了村庄。简体字"庄"，由广阔的"广"和土地的"土"组合而成，表示土地广阔的地方适合人类生产生活，聚族而居。

篆书"庄"　　　　　　　　楷书"庄"

　　紧张的劳作之余，人们会在田间地头坐下来，小憩一下。篆书"坐"，中间是准备落座的"土堆"，两侧是就座之前互相礼让的"人"。瞧，这就是我们的先人，连落座休息都这么彬彬有礼！在后来的演变过程中，两个"人"字被保留下来，但礼让的动作已无从辨识，再加上中间的"土"，组成了现在通用的"坐"。

篆书"坐"　　　　　楷书"坐"

　　田间小憩的时候，可以坐在土堆上聊聊天，也可以站到土丘上望一望。甲骨文"望"，下部是站在土丘上的"人"，上部是一只"大眼睛"，突出了"张望""眺望"的意思。后来，右上部增加了"月"，"举头望明月""望月怀远"的意境更突出了。

甲骨文"望"　　　　　楷书"望"

　　著名诗人臧克家在《三代》这首诗中写道："孩子，在土里洗澡；爸爸，在土里流汗；爷爷，在土里埋葬。"这首诗用凝练的语言反映了农民循环往复的生命轨迹。尤其是结尾部分，辛勤耕耘一生之后，宽厚的土地会张开臂膀拥他入怀，这个字就是"埋"。简体字"埋"的字面意思非常清楚，以"土"和"里"会意而成，表示入土为"埋"。

篆书"埋"　　　　　楷书"埋"

点亮"思维场"

从生育万物，到定居劳作，再到田间休憩，最后回归土地的怀抱，人类的生产生活须臾不可离开脚下的土地。土地包容万物，倾其所有又不求回报。由此可见，"地势坤，君子厚德载物"的比喻十分恰当。

梳理"关系图"

35. 土精山骨的"石"

"积土成山，风雨兴焉"，"凿池引水，叠石为山"……由此可见，"土""石""山"三者关系之紧密。

甲骨文"石"，左上是山崖的象形"厂"，右下是石头的象形"口"，二者合起来表示山崖下的石块。在演变过程中，除了上部"厂"的写法稍有变化，"石"的字形一直沿用至今。

甲骨文"石"　　　　　楷书"石"

走进"朋友圈"

甲骨文"岩"，以下部的"山"为基础，用"山尖"之上的"口"代表石头，合起来表示山峰之上的石块，或者说是石块兀立于山峰之上。在后来的演变和简化过程中，变成了"上山下石"的会意字"岩"。

甲骨文 "岩"　　　　　楷书 "岩"

　　了解了 "石" "岩" 二字的字理，你一定对 "石乃土之精，石为山之骨" 的含义有了更深的认识。有人可能会问，"石" 的精华又是什么呢？俗话说 "玉为石之精"。不过，在说 "玉" 之前，咱们得先来说说 "王"。

　　甲骨文 "王"，上下两横分别代表天和地，中间的一横是王者的象征。"王" 是代表上天来统治人间的天子，这一笔在占位上自然要靠上一些。在后来的演变过程中，三横的分布更加匀称，体现了汉字书法的等距美。

甲骨文 "王"　　　　　楷书 "王"

　　金文 "玉"，同样由三横一竖组成，上下两横的意思与 "王" 相同。不同之处在于中间的横。"玉" 是石的精华，自然要离地近一些，中间这一横的位置就要靠下一些。后来，为了准确区分 "王" 与 "玉" 的字形，就在 "玉" 的右下方加了一点。

金文"玉" 　　　　　　　　　楷书"玉"

但是，当"玉"用作部首时，写法与"王"字旁没有差别。如"珍珠""玛瑙""珊瑚""琉璃"等字词，看似"王"字旁，实为"玉"字旁，旨在突出温润如玉的特征。

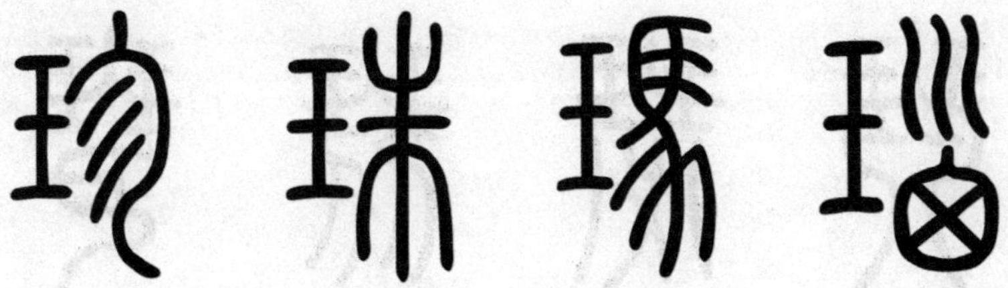

篆书"珍""珠""玛""瑙"

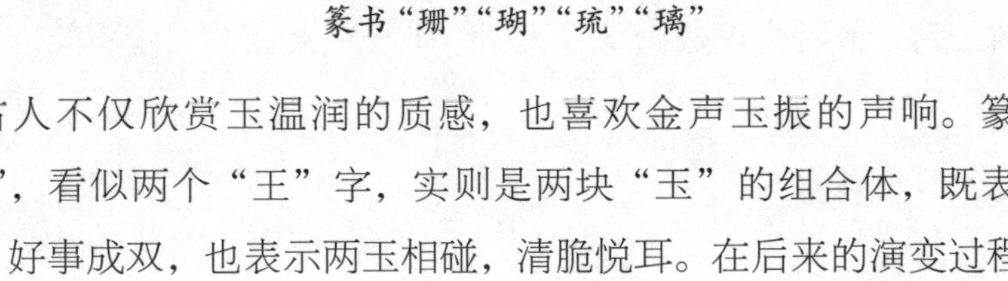

篆书"珊""瑚""琉""璃"

古人不仅欣赏玉温润的质感，也喜欢金声玉振的声响。篆书"珏（jué）"，看似两个"王"字，实则是两块"玉"的组合体，既表示两玉相合，好事成双，也表示两玉相碰，清脆悦耳。在后来的演变过程中，左边保留了"王"字旁，右边恢复了"玉"的字形，组合后形成了现在通用的"珏"。

篆书"珏"   楷书"珏"

后来,"珏"变成表意的构字符号,由清脆悦耳的声响衍生出了一连串与之相关的汉字。比如,"琴""瑟""琵""琶",等等。这正是"琴瑟琵琶,民乐瑰宝。声如玉振,余音未了"。

篆书"琴""瑟""琵""琶"

点亮"思维场"

对联,是中华民族特有的传统文化。有副对联,与上文中的乐器有关,上联是"琴瑟琵琶八大王在上",那下联该怎么对呢?感兴趣的话,可以试着对一对,或者去查找一下答案。结果一定会让你忍俊不禁,拍手称妙的!

梳理"关系图"

36. 外圆中孔的 "玉"

在上一讲的学习中，我们初步认识了 "玉之形" 和 "玉之声"，感受了 "温润如玉" 和 "声如玉振" 的魅力。这一讲，让我们继续走进玉器家族，了解大同小异的 "四胞胎" 及其文化内涵。

有人可能会问，"四胞胎" 指的是谁呢？它们是古代玉器中造型古朴、做工精细、具有丰富文化内涵的四种圆形玉器——玉璧、玉瑗、玉环、玉玦，而且都是外圆中孔的造型。接下来，我们逐一介绍。

璧，是以 "辟" 表声，以 "玉" 表意的形声字。古人受 "天圆地方" 的思想影响，"仿天制璧"，"以苍璧礼天"，仿照他们心中天的样子制造圆形的璧。其中的青玉璧是规格最高的玉器，要用它来祭天。此外，玉璧还常被用作国礼送给对方君王，成为王侯贵族权力的象征，也是高端玉器的代名词。著名历史典故 "完璧归赵"，说的就是战国时期秦赵两国围绕稀世珍宝 "和氏璧" 展开的一场剑拔弩张、唇枪舌剑的斗争。

篆书"璧"　　　楷书"璧"

走进"朋友圈"

瑗，是以"爱"表声，以"玉"表意的形声字。关于声旁"爱"，可以解读为代表两只手的"爫"和"又"，同时握住一块环形的玉，有引导、扶助的意思，这块"玉"就是"瑗"。早期的玉瑗孔大环小，是男女皆宜的臂饰品，与现在的手镯类似。此外，玉瑗还是礼器。荀子曰："召人以瑗。"君王要召见外国使节或朝廷大臣时，使者会持瑗相赠。随着时代的发展，玉瑗作为国之礼器的功能退化，装饰功能放大，分化为女性手镯和男性佩饰。

篆书"瑗"　　　楷书"瑗"

环，繁体字写作"環"，是以"睘"表声，以"玉"表意的形声字。后来化繁为简，变成了现在的字形。玉环自出现以来，始终是装饰性的佩饰。春秋战国时期，由环、璜、珑、琥、觿（xī）、珠等多种玉器组合而成的佩饰，简称"组佩"，受到贵族阶层的追捧，旨在以玉德彰显人品和权威。组佩玉器众多，随身携带，走动起来会发出悦耳的声响。古诗文中有许多关于

"佩环"的诗句,诸如"清诗鸣佩环""隔篁竹,闻水声,如鸣佩环"等,都是描写这种美妙的听觉享受的。

此外,"环"和"还"谐音,故而玉环是寓意美满和谐的信物。荀子云:"反绝以环。"在古代,一方把玉环送给另一方,表示召回绝交的人,恢复原来的关系。当罪臣被流放外地时,如果收到君王送来的玉环,一定会喜出望外,说明还有复见君王的机会。

篆书"环"　　　楷书繁体"环"　　　楷书简体"环"

玦,是以"夬(jué)"表声,以"玉"表意的形声字。玉玦是最早与文化结缘的玉器之一。最初的玉玦,是成对使用的耳饰。战国以后,玉玦演变成半环形有缺口的玉器。由于"玦"通"决",又引申出决断、决绝的意思,比如鸿门宴上,谋士范增"举所佩玉玦以示之者三",暗示项羽要立刻决断,不能对刘邦心慈手软。

此外,"玉玦"也可以像"玉环"那样传递信号。但是,臣子如果收到君王送来的玉玦,一定会悲痛欲绝,因为这是决裂、决绝的信号。这正是古人所说的,"逐臣待命于境,赐环则返,赐玦则绝。"

篆书"玦"　　　　　楷书"玦"

💡 **点亮"思维场"**

《礼记·学记》云:"玉不琢,不成器;人不学,不知道。"玉经过雕琢方能成器,人通过学习才可成才。古人佩带玉器,也是在勉励自己应该成为具备玉德的君子。

那么,究竟该如何分辨玉璧、玉瑗、玉环、玉玦呢?《尔雅·释器》指出:"肉倍好谓之璧,好倍肉谓之瑗,肉好若一谓之环。"这里的"肉"是指玉的边缘,"好"是指玉的内孔。意思是说,边大孔小的是"璧",孔大边小的是"瑗",边和孔一般宽窄的是"环"。至于"玦",特征最明显,环边多了一道缺口,一眼就能认出来。

🔍 **梳理"关系图"**

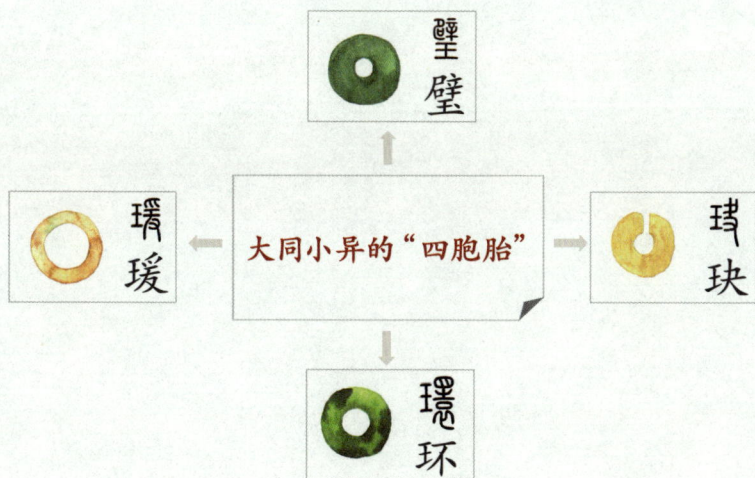

第六章

草木篇

CAOMUPIAN

37. 荣枯无尽的"草"

"离离原上草，一岁一枯荣。野火烧不尽，春风吹又生。"草看似寻常柔弱，却富有顽强的生命力。每年春天，她伴着春风悄悄地染绿大地。每到秋天，她用金黄装扮养育她的原野。

隶书"草"的结构非常简单，上部的"艹"表意，下部的"早"表声，是个典型的形声字。"草"，本读作"zào"，原指栎树的果实——"草（zào）/皂斗"。后来，为了区分字形和字义，分化成字形不同的"草"与"皂"。

草　草　皂

隶书"草"　　　楷书"草"　　　楷书"皂"

走进"朋友圈"

事物的发展变化，都会经历从萌芽到发展壮大的过程，草也不例外。甲骨文"屮"，是草芽的象形文字，像小草刚从土里钻出来的样子。在后来的演变过程中，两侧的"斜线"变成了"凵"，定型为字形方正的"屮"。

甲骨文"屮"　　　楷书"屮"

小草往往是成群出现的。两个"屮"如同伙伴一般组合在一起，就形成了"艸（cǎo）"，这是"草"最初的造型。在后来的演变过程中，两个"屮"合二为一，变成了"艹"，既可以单独表意，也可以用作部首，进而衍生出规模庞大的"草"字族。

篆书"艹"　　　楷书"艹"

把三个"屮"组合起来，就是"品"字形结构的"卉"。古人讲，"卉，草之总名也。"意思是说，"卉"是草的统称。在后来的演变过程中，笔画和字形更加平直方正，最终定型为现在通用的"卉"。

篆书"卉"　　　楷书"卉"

从"屮"到"艹"再到"卉",恰似"一生二,二生三"的梯度进阶。在此基础上,古人进一步创造了由四个"屮"组成的"茻(mǎng)",意思是众多的草。

篆书"茻"　　　　楷书"茻"

以"茻"为基础,在中间嵌入相关表意的部件,可以创生出更多内涵丰富的字。比如,篆书"草莽"的"莽",中间是"犬",合起来表示犬藏匿于在草丛之中,伺机而动。篆书"葬",中间是"死",合起来表示入土为安,湮灭于荒草之中。篆书"莫",中间是"日",合起来表示日落时分,太阳消失在草丛之中……

篆书"莽""葬""莫"

李绅在《悯农》一诗中写道:"锄禾日当午,汗滴禾下土。"锄禾是常见的田间劳作,主要是清除杂草和疏松土壤。说到清除杂草,最简单的办法就是用手薅(hāo)。甲骨文"刍",主体是代表手掌的"又",里面穿插了代表草的"屮",合起来表示用手拔草。"草"可以用来喂养牲畜,"刍"又引申为饲养牲畜的草料。在后来的演变过程中,代表手掌的"又"变成了"斜刀头——⺈",代表草的"屮"左转 90°,变成了"彐",形成了现在通用的"刍"。

甲骨文"刍"　　　楷书"刍"

草看似一无是处，其实与人类生活密切相关。草除了可以用作饲料，还可以制作草帽、草鞋、草席等生活用品。金文"衰"，是"蓑衣"的"蓑"的本字。上部的"折角"代表衣领，突出"衣"的属性。下部两串倒立的"中"代表材质，合起来表示用草、棕或树叶编成的雨衣。后来，以有无"艹"为标志，区分"衰"与"蓑"。"衰"演变为衰落、衰微等意思。

金文"衰"　　　楷书"蓑"　　　楷书"衰"

在漫长的演变过程中，"草"发展成为一个庞大的家族。其实，不仅是"草"，各种"花""果""菜"，如"芙蓉""茉莉""菠萝""葡萄""莲藕""蘑菇"等，也都用"艹"来表意。

篆书"芙""蓉""茉""莉"

篆书"菠""萝""葡""萄"

篆书"莲""藕""蘑""菇"

点亮"思维场"

白居易的诗句"离离原上草，一岁一枯荣"中的"荣"字，写出了春天里小草欣欣向荣的生机。与"荣"意思相近的是"华"，成语"荣华富贵"就将这两个字连用，用草木的萌发形容人世的显贵。

那么，"荣"与"华"有没有区别呢？古人讲，"木谓之华，草谓之荣"，意思是说木本植物开花称之为"华"，草本植物开花称之为"荣"。你看，这就是汉字丰富的内涵和细微的差别，是不是很有趣，值得我们细细揣摩和品味呢。

梳理"关系图"

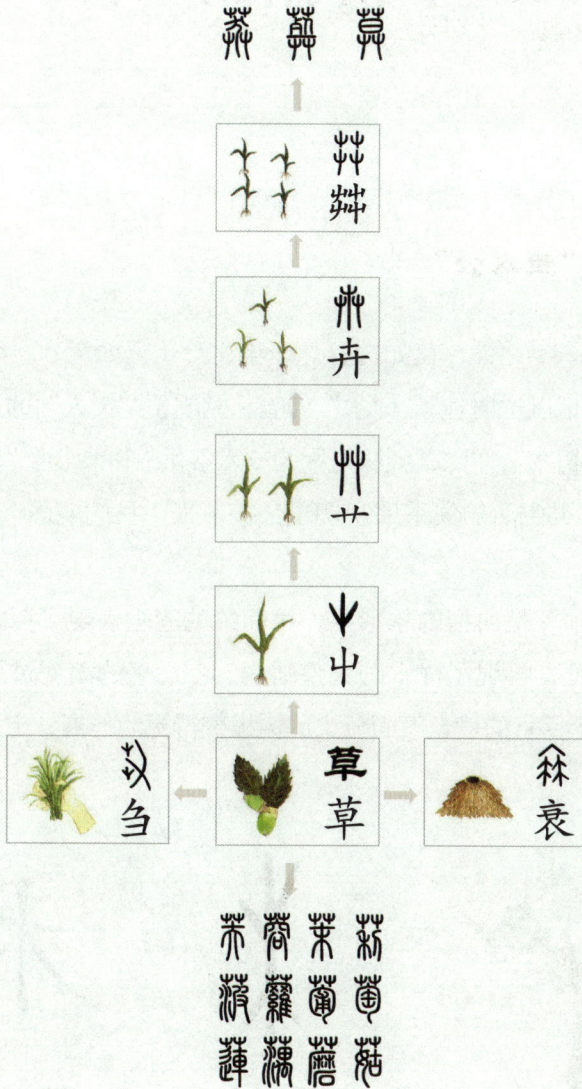

38. 本末同体的"木"

古人讲："一年之计，莫如树谷。十年之计，莫如树木。终身之计，莫如树人。"这番话以"树谷""树木"为喻，阐明了"树人"的重要性。之所以用"禾谷""树木"作比，大概是因为"禾谷供人以食物""树木供人以器物"，它们与人类生活的关系太密切了。接下来，我们就逐一来说说"木"与"禾"。

甲骨文"木"是典型的象形字，用简练的笔画表现了树根、树干、树枝等部位的特征，再现了树木的完整结构。在后来的演变过程中，上面分叉的树枝变成了平直的横，下面分叉的树根变得更为伸展，定型为现在通用的"木"。

甲骨文"木"   楷书"木"

走进"朋友圈"

结合"木"的结构特点，在相应的位置上加上表示意思的"一"，就可以生成一系列新字。比如，在树根的位置加上"一"，就是"根本"的"本"。

篆书"本"　　　　楷书"本"

在"木"的中间部位加上"一"变成"朱"，表示树干或树桩。从这个意义上说，"朱"是"守株待兔"的"株"的本字。后来就以有无"木"字旁为标志，区分"朱"与"株"。带有"木"字旁的"株"专指树木、树干等意思，不带"木"字旁的"朱"用来表示颜色、姓氏等意思。

甲骨文"朱"　　　楷书"株"　　　楷书"朱"

树木的顶部是树梢，在树梢的位置加上"一"，就是"末梢"的"末"。成语"舍本逐末"用树根和树梢作对比，告诫我们不能舍弃根本，反而去追求细枝末节。但从植物学光合作用的角度看，每个部位都是不可或缺的。

甲骨文"末"　　　楷书"末"

　　树枝之上便是树叶。金文"叶",以"木"为主体,在上部添加了代表树叶的笔画。在后来的演变过程中,这些"树叶"变形为"世界"的"世",用树叶的荣枯象征人世的更迭,寓意人生一世,草木一秋;又在顶部添加了代表"草木"属性的"艹",形成了繁体字"葉"。最终化繁为简,变成了现在通用的"叶"。

金文"叶"　　　楷书繁体"叶"　　　楷书简体"叶"

　　树木的形态千差万别。以"木"为基础,用简练的笔画把这些细微的差别表现出来,就可以变成新字。比如,甲骨文"栗",以"木"为主体,上面有三颗带着尖刺的果子,表示栗子。在后来的演变和简化过程中,上部带刺的果子变成了"西",下部保留了"木"的字形,定型为现在通用的"栗"。

甲骨文"栗"　　　　　　楷书"栗"

　　有些树的枝条上面会有尖锐的刺芒。在"木"的顶端和两侧加上锐利的尖角，就形成了专指刺芒的"朿（cì）"。在后来的演变过程中，这些刺芒、内收为"冂"，与"木"组合，定型为现在通用的"朿"。

甲骨文"朿"　　　　　　楷书"朿"

　　树的尖刺不可计数。把左右两个"朿"组合起来，用以代表这些密密麻麻的刺芒，就形成了"荆棘"的"棘"。

篆书"棘"

楷书"棘"

　　两个"朿"可以左右组合，也可以上下组合。金文"枣"就是由上下两个"朿"组合起来的。在后来的演变过程中，上面的"朿"保持不变，下面的"朿"变成了两"点",形成了现在通用的"枣"。

金文"枣"

楷书"枣"

　　木还可以与其他部件组合,表示更为丰富的意思。甲骨文"乘",下部是"木",上部是四肢伸展的"人",也就是"大",合起来表示人登临到树上,高高地站立,本义是登上,由此引申出"乘车""乘舟"等词汇。金文"乘",进一步突出了用来攀登的双足,表意更加完整。后来,"大""足""木"三者充分融合,形成了现在通用的"乘"。

甲骨文"乘"　　　　金文"乘"　　　　楷书"乘"

　　与"艹"字头一样,"木"字旁也是汉字家族里非常活跃的部首,许多树木的名称都是以"木"作形旁的形声字,如"杨柳""松柏""梧桐""桔柚",等等。

楊 梛 松 柏

篆书"杨""柳""松""柏"

梧 桐 桔 柚

篆书"梧""桐""桔""柚"

点亮"思维场"

说到"木"字部，除了数量众多外，结构也十分多样。以三种常见水果"桃""梨""杏"为例，它们虽然同属"木"字部，但"木"所处部位各有不同，写法也各具特点。

桃 梨 杏

"桃"的木字旁要写得瘦长，右边的"点"要收缩，给右侧笔画留空。"梨"的木字底要写得扁，横画要写得长，以托起上面的部分。"杏"的木字头也要写得扁，撇捺要更加伸展，以盖住下面的"口"。这就是汉字书写上的变化之美。

梳理"关系图"

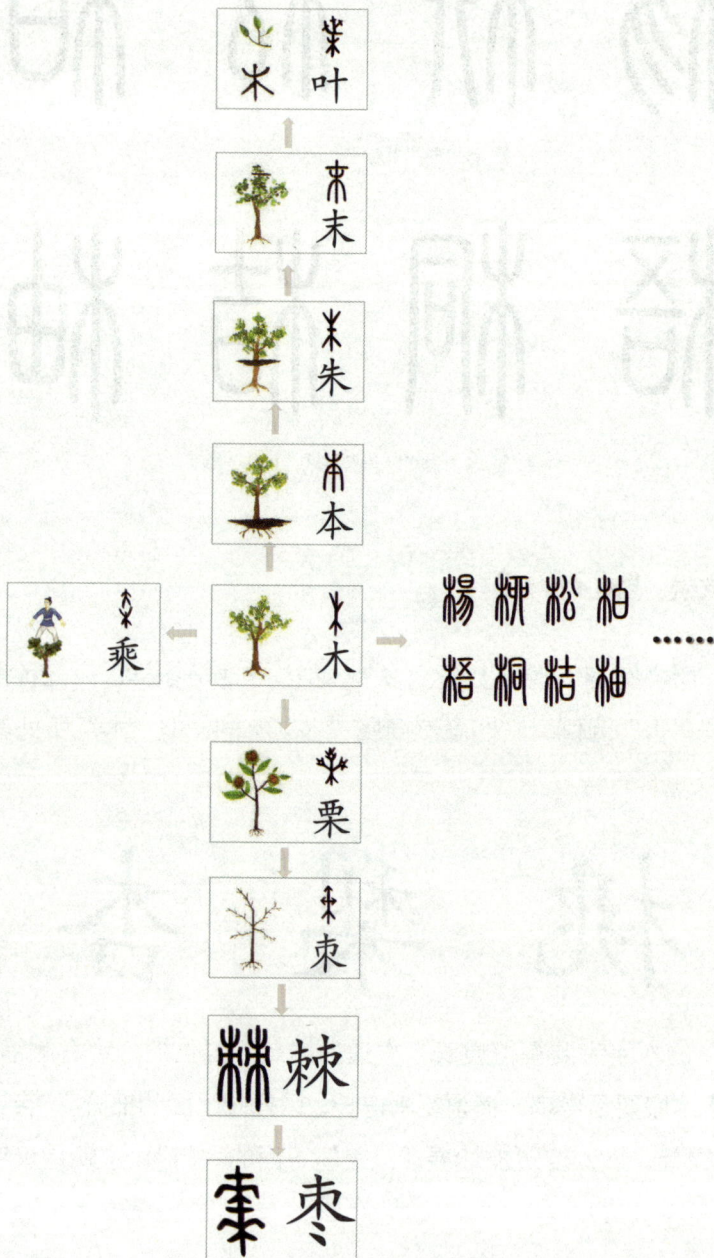

39.谷穗低垂的"禾"

"锄禾日当午，汗滴禾下土。谁知盘中餐，粒粒皆辛苦。"《悯农》一诗里的"禾"，指的是中原地区的先民最早种植的农作物"粟"，也就是谷子。

成熟的谷子有低垂的谷穗，古人根据这个特点，创造了甲骨文"禾"，顶端下垂的笔画，就是谷穗的象形。在后来的演变过程中，下垂的谷穗变成了"平撇"，其他笔画变成了"木"，定型为现在通用的"禾"。

甲骨文"禾"　　　　　楷书"禾"

篆书"秀"，以"禾"为主体，下部是饱满的谷穗，沉甸甸地垂下了头，表现了丰收在望的情景。

篆书"秀"　　　　楷书"秀"

　　谷子成熟，喜获丰收，把成熟的谷子捆成捆，扛起来背回家，这是一年中值得庆贺的事情。甲骨文"年"将上部的"禾"与下部的"人"叠加起来，用沉甸甸的收成纪念辛苦而又充实的一年，这个字就是"年"。后来，上下两部分逐渐融为一体，变成了现在通用的"年"。

甲骨文"年"　　　　楷书"年"

　　与"年"类似的是甲骨文"字"，上面是一株欣欣向荣的禾苗，下面也是一个"人"，不过这是一个朝气蓬勃的孩子，用这两种充满希望的事物来代表生机勃勃的景象。在后来的演变过程中，为了进一步突出生命的活力，又在右侧增加了表意的"力"，逐步演变为现在通用的"勃"。

甲骨文"孛"　　　楷书"孛"　　　楷书"勃"

在谷物家族里，有一种与"粟"非常类似的农作物"黍"。它的籽粒比谷粒略大，不像谷粒那样密集地聚合在谷穗上，而是一束一束比较均匀地散落着。黍子比小米更有黏性，是酿酒的好原料。甲骨文"黍"，上部以"禾"为基础，末梢分叉的笔画用来代表黍子，右下方是象征酒滴的"水"，生动地表现了"黍"的外形特征和实用价值。在后来的演变过程中，定型为结构更加紧凑的"黍"。

甲骨文"黍"　　　　楷书"黍"

不论是用黍做成的饭食，还是由它酿出的酒，都有一种浓郁的香味。篆书"香"，上部是"黍"，下部是表示味道的"甘"，合起来表示这种谷物香甜味美。在后来的演变过程中，上部的"黍"简化为"禾"，下部的"甘"变成了"日"，形成了现在通用的"香"。

篆书"香"　　　　楷书"香"

💡 点亮"思维场"

在这一讲中，我们认识了谷子和黍子这两种作物。当它们脱去外壳，就成了形状、颜色、大小都相差无几的小米和黄米。但黄米更软糯甜香，把它俩称之为"双胞胎"恰如其分。无独有偶，我们经常食用的"大米"也是"双胞胎"，与它接近的、更加软糯黏香的又是谁呢？提示一下，元宵节吃的元宵、端午节吃的粽子，都会用到这种米。

大千世界，无奇不有。花卉当中也有类似的现象，像牡丹与芍药，迎春花与连翘，等等。其他植物乃至动物也有类似的现象，感兴趣的话，可以沿着这条线索展开研究。

梳理"关系图"

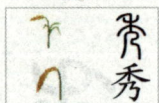

40. 贻我来牟的"麦"

"稻粱菽，麦黍稷，此六谷，人所食。"这是《三字经》讲到的六种谷物。其中的稻、粱、菽、黍、稷都是本土物种，唯独"麦"是一个外来物种。

甲骨文"麦"，上部代表谷物的"禾"，下部是"根系"的样子，完整地展现了一棵小麦的样子。在后来的演变过程中，上部的"禾"变成了"青"字头，下部的根系变成了代表脚部的"夂"，也就是通常所说的"折文"，组成了上下结构的"麦"。

甲骨文"麦"　　　　　楷书"麦"

每到麦收时节，田野里是一望无际的齐刷刷的麦穗。甲骨文"齐"，由三个象征麦穗的菱形组成，顶部的"直线"象征锋利的麦芒，三个麦穗一字排开，整整齐齐，以此表示"整齐"的"齐"。金文"齐"，麦穗的组合变成了"品"字形结构，更具参差错落之美。在后来的演变过程中，字形一度变得比较复杂，这就是繁体字"齊"。最终定型为简体字"齐"，但麦穗的痕迹已经荡然无存了。

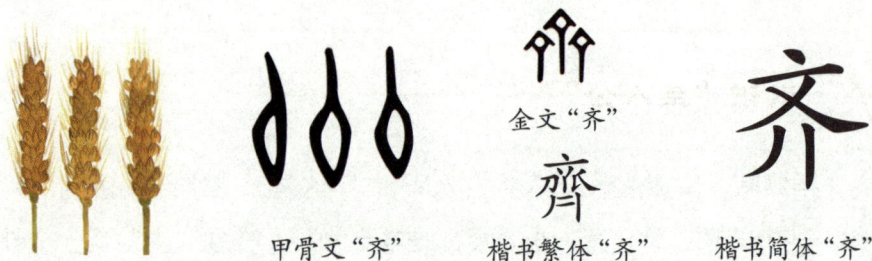

甲骨文"齐"　金文"齐"　楷书繁体"齐"　楷书简体"齐"

据考证，"麦"这种作物在中东地区已经有一万年以上的栽培历史，其后经印度、阿富汗等地，于西周初年传入中国。《说文解字》中说"周所受瑞麦来麰（móu）"，《诗经》中有"贻我来牟（móu），帝命率育"，意思是说上天把麦种赐予周人，百姓得以繁衍生息。这里的"来麰（牟）"指小麦和大麦的统称。此外，由这个"外来"的"来"，也可以看出"小麦"的身世，非中原本土作物，是外来的物种。

甲骨文"来"，自下而上勾勒出小麦的根、茎、叶、穗等部位的特征，同时，在上部特意添加了一条短横，以突出成熟的麦穗。在后来的演变过程中，"来"的字形向着平直、对称的方向发展，定型为现在通用的样子。

甲骨文"来"　楷书"来"

　　关于"来"的字理，还有另外一种解释：将篆书"来"垂直翻转180°，所有的笔画一顺儿朝上，就像一颗挺立的麦穗，里面包裹着挨挨挤挤的麦粒，上部笔直的笔画像极了麦芒的样子。

篆书"来"垂直翻转

　　汉字家族中有许多这样的字，需要旋转一定角度，才能更好地还原字意。如前文讲到的金文"目"，原本是眼睛的象形，字形是横卧的。篆书以后变成立目，要想还原本来的面目，需要再将立目左转90°。

金文"目"　　　篆书"目"　　　楷书"目"

　　又如，甲骨文"病"，像一个病重的人躺在床上，额头上不断渗出汗珠的样子。为了书写方便，整个字形都"立"了起来，向右转了90°。在后来的演变中，甲骨文"病"变成了表意的"疒"，里面增加了表音的"丙"，组成了半包围结构的形声字"病"。

甲骨文"病"   楷书"病"

人们常说"水满则溢"。"溢"最初写作"益"。篆书"益"由"水"和"皿"组合而成,这里的"水"平躺在"皿"的上部,更加形象地表现了水贴着边缘往下流的样子。要想分辨"水"的原形,那就需要右转90°。后来,以有无"氵"为标志,准确区分"益"与"溢"的字形,自此各表其意。

篆书"益"   楷书"溢"   楷书"益"

点亮"思维场"

在这一讲中,我们认识了"麦""来"二字,而且知道它俩都是外来物种。结合它俩特殊的"身世",有人提出,这两个字的读音和意思应该互换一下。"麦"应该读作"lái",因为它下部的"夊",就有"行走""走来"的意思。"来"应该读作"mài",它没有表示行走的部件,活脱脱就是一棵麦穗的样子。对于这个观点,你怎么看?

梳理"关系图"

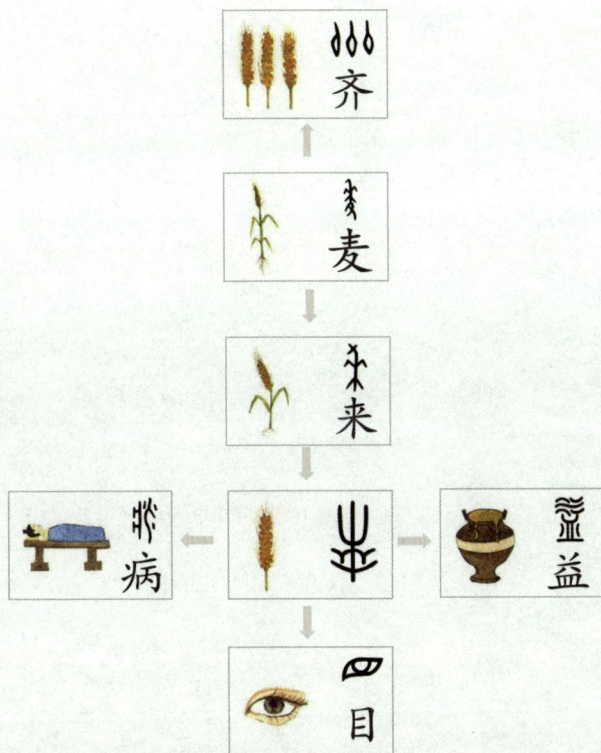

第七章

鸟兽篇

NIAOSHOUPIAN

41. 小巧短尾的"隹"

认识"主人公"

在《无形有踪的"风"》一讲的学习中，我们认识了传说中的百鸟之王——凤。这一讲，我们再来认识一下自然界那些寻常的鸟儿。

先来看短尾巴的鸟——隹。金文"隹"是象形文字，从上到下准确地表现了从鸟嘴到翅膀，再到爪子等部位的特征，简练传神。在后来的演变过程中，字形变得比较抽象，最终定型为左右结构的"隹"。

金文"隹"　　　　　楷书"隹"

走进"朋友圈"

在"隹"的家族中，麻雀最常见。甲骨文"雀"，由"小""隹"二字会意而成，"小"代表体型小，"隹"代表尾巴短。二者组合，准确地抓住了"麻雀"的基本特点。在后来的演变过程中，"雀"的造型相当稳定，一直保留着上"小"下"隹"的字形。

甲骨文"雀"　　　　楷书"雀"

《史记·陈涉世家》说："燕雀安知鸿鹄之志哉？"意思是麻雀这类的鸟没有大雁、天鹅那样展翅高飞的志向，只能在林间、旷野、庭院中飞来飞去。蹦蹦跳跳才是麻雀活动的常态。麻雀的蹦跳很有特点，只会蹦着前进，不会后退。甲骨文"进"，上部是代表麻雀的"隹"，下部是代表脚的"止"，二者组合起来，旨在表现蹦跳前进的意思。在后来的演变过程中，"止"变成了"辶"，与"隹"组合，形成了繁体字"進"。在简化过程中，"隹"又变成了表音的"井"，定型为现在通用的"进"。

甲骨文"进"　　　楷书繁体"进"　　　　楷书简体"进"

当然，并不是所有带"隹"的字，都表示短尾鸟，金文"翟（dí）"就是特例。"翟"的上部是"羽"，下部是"隹"，如此组合，旨在突出羽毛和尾巴的特征。这种鸟的学名叫"雉"，也就是我们通常所说的野鸡。野鸡的羽毛五彩光鲜，尾巴更是修长华丽。京剧舞台上，武将头上戴的雉鸡翎就是用野鸡的尾羽制作而成的。

金文"翟"　　　　　　楷书"翟"

　　上面讲到的"隹""雀""進""翟"等字，都带有象形的"隹"部。此外，古人在表现"鸟"的造型时还有化繁为简的智慧。篆书"西"，上部用一条"弓"字形的曲线表现鸟的形象，下面是"巢"的象形。二者组合起来，以倦鸟归巢的时刻，代表太阳落山的方向，正是"红日偏西"的"西"。在后来的演变过程中，字形变得比较抽象，定型为现在通用的"西"。

篆书"西"　　　　　　楷书"西"

　　俗话说："禽有禽言，兽有兽语。"金文"雠（chóu）"，左右两侧是两只面对面的"隹"，中间是"言"，合起来表示两只鸟相对而语，本义是对答、对话。在后来的演变过程中，中间的"言"简写为"讠"，同时衍生出仇敌、校勘等意思。

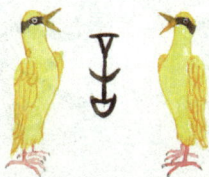

金文"雔"　　　　楷书"雔"

"海阔凭鱼跃，天高任鸟飞。"篆书"飞"用飘逸动感的线条表现了鸟儿张开双翼展翅飞翔的样子。美中不足的是，篆书和繁体"飛"的笔画较多，字形比较繁复。在后来的简化过程中，采用删繁就简、以点带面的方式，抽取表现翎毛或右翼的部件作为代表，定型为现在通用的"飞"。

篆书"飞"　　　楷书繁体"飞"　　　楷书简体"飞"

韩愈在《师说》中说："人非生而知之者。"鸟儿也是如此，不论是鹰击长空，还是鸿鹄千里，都需要反复练习才能驾轻就熟、游刃有余。甲骨文"习"，上面用两根羽毛代表一双翅膀，下面的"日"是日常、经常的意思，合起来表示鸟儿要天天练习，才能掌握飞翔的本领。因此，古人讲"习，数飞也"。这里的"数"是多次、反复的意思，与上面说的日常、经常意思相通。在后来的演变过程中，下面的"日"讹变为"白"，与上面的"羽"组成了繁体字"習"。最终经过简化，定型为现在通用的"习"。

甲骨文"习"　　　楷书繁体"习"　　　楷书简体"习"

　　原本自由自在飞来飞去的鸟儿，一旦落入捕鸟人的罗网，就难逃厄运了，这就是"罹难"的"罹"。"罹"与"离开"的"离"意思相通。甲骨文"离"，上面是"隹"，下边是"网"的象形，合起来表示鸟落入罗网。在后来的演变过程中，变成了左右结构的"離"。最终经过简化，去掉了"隹"，直接写作"离"。

罹

楷书"罹"

離

离

甲骨文"离"　　　楷书"離"　　　楷书"离"

　　甲骨文"罗"，是甲骨文"离"的"镜像"，也就是"隹"与"网"的位置进行了互换。上面是一张网，网下有一只鸟，二者组合在一起，突出了网的功用，这是用来捕鸟的器具。在后来的演变过程中，上面的"网"变成了"四字头——罒"，下面的"隹"变成了"夕"，定型为现在通用的"罗"。

甲骨文"罗"　　　楷书"罗"

捕鸟成功后，捕鸟人顺手把它藏在衣服里，以为"万事大吉"了。结果事与愿违，在他一不留神的时候，小鸟飞走了。金文"夺"，中间是代表小鸟的"隹"，上部和左右两侧是象形字"衣"，下部是代表手的"又"，字面意思是手拿小鸟藏到衣服里，但真实含义是到手的小鸟又飞走了，也就是"失去"，这是"夺"的本义。在后来的演变过程中，字形日趋简化，"隹"不见了踪影，变成了"大"与"寸"的组合体。

金文"夺"　　　楷书繁体"夺"　　　楷书简体"夺"

小鸟之所以能够重获自由，一是由于捕鸟人疏忽大意，二是小鸟奋力抗争。金文"奋"与金文"夺"是形近字，都带有"隹"和"衣"的部件，同样表示衣服里藏着鸟。不同之处在于"奋"的下部变成了"田"，以此表示小鸟要挣脱束缚，飞到田野里去，借以突出奋发、奋起、奋斗等意思。在后来的演变过程中，同样省却了中间的"隹"，变成了"大""田"的组合体。

金文"奋"　　　　楷书"奋"

防止小鸟飞走有一个简单牢靠的办法，就是攥紧它的爪子。甲骨文"隻"，上部是"隹"，下部是"又"，定格了手抓鸟爪的动作，而且是一只手抓住一只鸟，突出了"只"的概念。

甲骨文"只"　　　　楷书繁体"只"　　　　楷书简体"只"

　　手里攥着一只鸟为"只",同时攥着两只鸟就是"雙"。在后来的演变过程中,省却了"隹"的部件,直接用两只"手"表示意思,定型为现在通用的"双"。

战国文字"双"　　　　楷书繁体"双"　　　　楷书简体"双"

　　如果有一群鸟落在树上,这个字就是"集"。金文"集",上面是"三个隹",下面是"木",代表许多鸟在树上集合。在后来的演变过程中,上面的三个"隹"简化为一个,定型为现在通用的"集"。

金文"集"　　　　　　　　楷书"集"

　　"三个隹"聚在一起,可以形成倒"品"字形结构的甲骨文"雧(zá)",这是"杂"的初文,表示群鸟杂居共处,引申出羽毛混杂、色彩斑斓的意思。篆书"杂",将"雧"改为"集",保留了聚集的含义,并且增加了表意的"衣"，同时"衣""隹""木"三个部件重新组合，左边是"衣""木"的组合体，右边是"隹"，这就是左右结构的"雜"，表示制作衣服时要把各种颜色的布料搭配起来，突出"五彩杂会"的意思。在简化过程中，省却了右侧的"隹"，左侧的"衣""木"组合体变成了上"九"下"木"的"杂"，"九"可以解读为种类和数量多，"木"代表树木，合起来表示各种树木混杂丛生，看上去虽然有些杂乱，但适者生存，充满生机。

甲骨文"杂"　　　篆书"杂"　　　楷书"杂"

点亮"思维场"

　　看到"集"字由繁到简的演变过程，你是否想到了前面学到的"桑"。"桑"与繁体"蠶"的结构极其相似，下部是同样的"木"，上部都有三个重复的部件，分别是"又"和"隹"。既然"集"可以把三个"隹"简化为一个，"桑"的三个"又"为什么没简化呢？关于这个问题有两种说法，一种是"又"的笔画很简单，写三遍也不复杂，不用简化。另一种说法是，如果把"桑"的上部简化为一个表示手的"又"，容易与"采"的上部同样表示"手"的"爪字头——爫"产生混淆，进而影响"桑"与"采"两个字的字形和字义。对此，你有什么想法呢？

梳理"关系图"

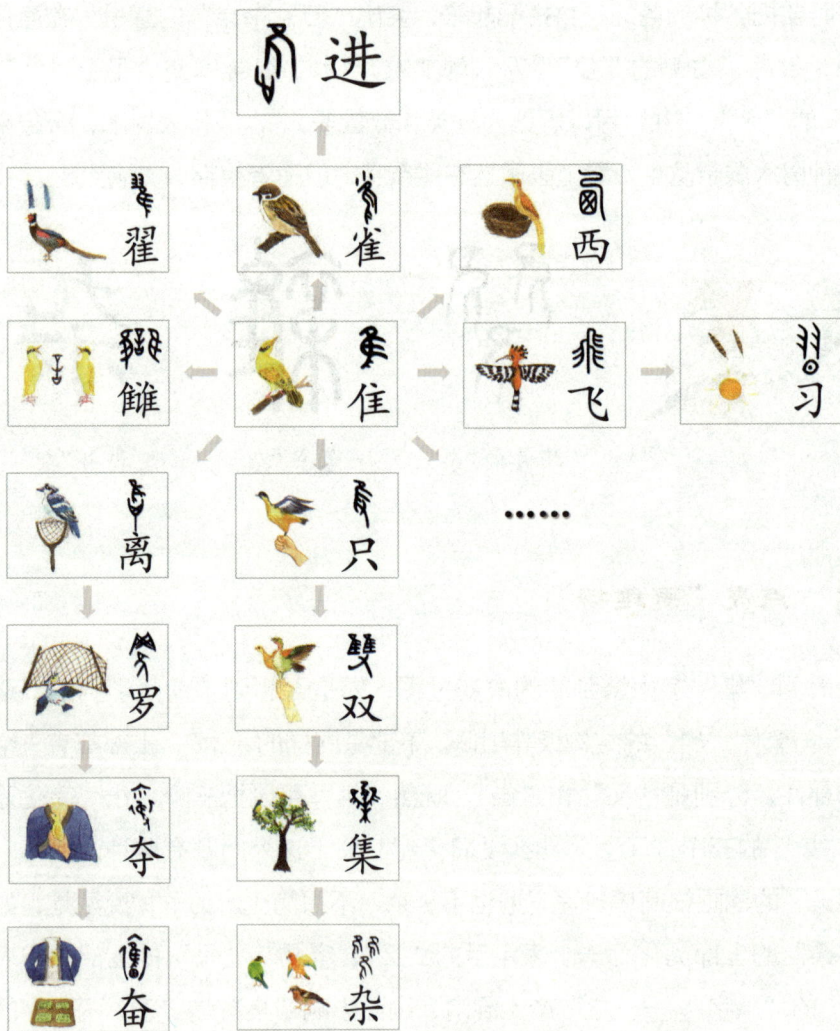

42.善嗅擅奔的"犬"

认识"主人公"

宋代大文豪苏东坡在《江城子·密州出猎》中写道："老夫聊发少年狂，左牵黄，右擎苍，锦帽貂裘，千骑卷平冈。"寥寥数语表现了壮观的狩猎场面，尤其是随同出猎的黄犬和苍鹰，一定给读者留下了深刻的印象。

犬，是最早被人类驯化的动物之一。从外形看，"犬"与"狼"的主要区别在于尾巴，狼的尾巴向下耷拉，犬的尾巴向上翘起。甲骨文"犬"，完整地再现了"犬"的外形特征，尤其是翘起的尾巴最为醒目。在后来的演变过程中，字形变得比较抽象，形成了"大"与"、"的组合体。

甲骨文"犬"　　　　楷书"犬"

走进"朋友圈"

犬的嗅觉特别灵敏。甲骨文"臭"就抓住了这个特点，上部的"自"代表鼻子，下部是"犬"的象形，组合起来表示"犬用鼻子辨别气味"，即嗅觉的"嗅"。后来，以有无"口"字旁为标志区分"臭"与"嗅"，字形有所分化，各表其意。

甲骨文"臭"　　　楷书"嗅"　　　楷书"臭"

犬行动灵敏，擅长突袭。金文"突"，上面的"穴"代表洞口，下面是"犬"，组合起来表示犬从洞穴一跃而出，令人猝不及防。在后来的演变过程中，"穴"的笔画向上收缩，"犬"独立于下方，形成了上下结构的"突"。

金文"突"　　　　　　楷书"突"

突袭而出的"犬"，极具威胁。篆书"犯"，表现的就是恶犬扑人的景象，左边是一跃而起的"犬"，右边是惊恐万分的"人"，合起来表示侵犯。在后来的演变过程中，左边的"犬"变成了"犭"，右边的人变成了"㔾（jié）"，定型为左右结构的"犯"。

篆书"犯"　　　　　　楷书"犯"

　　从攻击的角度来看，"犯"属于正面袭击，比这更危险的是背后突袭。金文"伏"，左侧是一个站立的"人"，右侧是一只匍匐前进、慢慢逼近的"犬"，意图趁机发起伏击。在后来的演变过程中，"人"与"犬"的组合非常稳定，沿用至今。

金文"伏"　　　　　　楷书"伏"

　　甲骨文"莽"，以"犬"为中心，四周是代表草芽的"屮"，这是既表音又表意的部件，四个"屮"合起来读作"茻"，意思是草丛。"犬"穿插在"茻"的中间，可以理解为犬在草丛中奔跑觅食；也可以理解为犬隐蔽于草丛之中，伺机出击。在后来的演变过程中，"犬"始终处于"莽"的中心，四周的"屮"分化组合为上面的"艹"和下面的"廾"，形成了上中下结构的"莽"。

甲骨文"莽"　　　　楷书"莽"

　　犬对主人特别忠诚，常用来看家护院。金文"器"，中间是"犬"，周边的"口"可以看作是需要看管的物品，也可以看作是犬狂吠不止的叫声。不论哪种解释，都能表现狗的尽职尽责。在后来的演变过程中，"器"的字形相当稳定，沿用至今。

金文"器"　　　　楷书"器"

　　由于犬具备忠诚尽责、嗅觉灵敏、擅长奔袭等优势，成为人类狩猎的好伙伴。甲骨文"兽"，是狩猎的工具"单"和狩猎的伙伴"犬"的组合体。在后来的演变和简化过程中，右边的"犬"不见了踪迹，左边的"单"变形为现在通用的"兽"。

甲骨文"兽"　　　楷书繁体"兽"　　　楷书简体"兽"

金文"厌",由"犬""口""月"组合而成,合起来表示狗的嘴里叼着一块肉,却没有咽下去,代表吃饱、满足的意思。在后来的演变过程中,为了准确表示读音,又在左上部增加了表音的"厂",组成了繁体字"厭"。最终经过简化,保留了表音的"厂"和表意的"犬",形成了现在通用的"厌"。

金文"厌"　　　楷书繁体"厭"　　　楷书简体"厌"

犬爱吃肉,但也摆脱不了被吃掉的厄运,"火烤狗肉"就是一道令人垂涎的美食。篆书"然",左侧是"炙烤"的"炙",右侧的"犬"表明了烤肉的种类。在后来的演变过程中,左下的"火"变成了"灬",字形也由左右结构变成了上下结构,定型为现在通用的"然"。

篆书"然"　　　　楷书"然"

美味的食物往往也被用作祭品,以表达对神灵或祖先的虔诚。美食之中自然少不了狗肉。甲骨文"献",左边是古代用来蒸煮的炊具"鬳(yàn)",右边是"犬",合起来表示用炊具蒸煮犬只作为祭品。在后来的演变过程中,左边的"鬳"变成了笔画简单且能表音的"南",与右边的"犬"组合起来,定型为现在通用的"献"。

甲骨文"献"　　　　　楷书"献"

点亮"思维场"

"飞鸟尽，良弓藏。狡兔死，走狗烹。"尽管犬对主人无比忠诚，却仍落得被"炙烤"和"蒸煮"的下场。狗的命运，不亦悲乎？食狗者之心，不亦残忍乎？

梳理"关系图"

43. 友善肥美的"羊"

认识"主人公"

"马牛羊，鸡犬豕，此六畜，人所饲。"这是《三字经》中记载的人类驯养的"六畜"。"六畜"之中，最为友善温顺的就是羊。

甲骨文"羊"，取象于羊头，突出了头顶之上向下盘曲的羊角，以及嘴巴和下垂的胡须，寥寥数笔，把羊头的特征表现得淋漓尽致。在后来的演变过程中，"羊"的字形变得比较抽象，笔画更加平直方正，但依然能看出羊角和胡须的模样。

甲骨文"羊"　　　　楷书"羊"

走进"朋友圈"

自古以来，羊是善良友好的象征。甲骨文"善"，由"羊"和"目"组合而成，表示美好、友善的品质。金文"善"，"羊"的下部变成了两个

"言",仿佛两个人在友善地交谈。在后来的演变过程中,两个"言"合二为一,下部保留一个"口",上部变成了"倒八——丷"与"横"的组合体,并与上面的"羊"连为一体,形成了现在通用的"善"。

甲骨文"善"　　　　金文"善"　　　　楷书"善"

甲骨文"义",上部是"羊",下部是长柄三齿的武器"我"("我"的本义是武器,后来被借用为表示第一人称的代词),二者组合在一起,既友善又威严,适合用来表现威仪。因此,"义"是"仪"的本字。后来,以有无"亻"为标志区分"义"与"仪"的字形。"义"进一步引申为正义、道义、情义等多重意思,它们都保留着"羊"善良友好的基本属性,含有褒义字的成分。在汉字简化过程中,繁体字"義"变成了笔画简单的"义"。

楷书繁体"义"

儀
楷书繁体"仪"

义
楷书简体"义"

甲骨文"义"　　　　楷书繁体"仪"　　　　楷书简体"义"

由"善""义"二字可以看出,古人对"羊"充满好感和期许,与之类似的,还有"祥"。金文"祥",左边是代表祭桌的"礻",也表示神灵所示的征兆;右边是既表意又表音的"羊"。二者合起来表示吉祥、幸福等意思。在后来的演变过程中,"祥"的字形相当稳定,沿用至今。

金文"祥"　　　　　　楷书"祥"

　　羊肉的味道鲜美，尤其是长大增膘以后，肥瘦相间的羊肉更加美味。甲骨文"美"，由"羊"和"大"组合而成，合起来表示羊大则肥美，突出了味美的含义。也有人说，上部的"羊"代表头上戴的羊角或羊角状的装饰物，与下部的"大"组合起来，表示貌美的意思。在后来的演变过程中，"羊""大"组合的字形相当稳定，沿用至今。

甲骨文"美"　　　　　　楷书"美"

　　在羊肉的各类吃法中，"手抓羊肉"无疑是一道令人大快朵颐的美味。甲骨文"羞"，左侧是象形字"羊"，右侧是代表"手"的"又"，二者组合，再现了伸手拿取羊肉的情景。"羞"最初就是用来形容美食的"珍馐"的"馐"。后来，以有无"饣"为标志区分二者的字形。在后来的演变过程中，"羞"上部的"羊"变成了"羊字头——⺶"，下部的"手"变成了"丑"，组成了半包围结构的字形。

甲骨文"羞"　　　楷书"馐"　　　楷书"羞"

羔羊肉是羊肉中的极品，最适合做烤全羊。甲骨文"羔"，上部是"羊"，下部是"火"，合起来表示火烤羔羊。在后来的演变过程中，上部的"羊"收起了尾巴，变成了"羊字头——⺶"，下部的"火"变成了"灬"，形成了结构更加紧凑的"羔"。

甲骨文"羔"　　　楷书"羔"

你一定听说过"垂涎（xián）三尺"这个词吧！篆书"羨"，上部是嗞嗞冒油的烤羊肉，下部是既表意又表音的"㳄（xián）"，合起来表示被美味馋得直流口水。在后来的演变过程中，下部的"㳄"简写为"次"，与上部的"羊字头——⺶"组合起来，形成了上下结构的"羡"。

篆书"羨"　　　楷书"羡"

羊是一种喜欢群居的动物，在汉语词汇中常有"一群羊""羊群"等说法。篆书"群"是一个形声字，上部的"君"表声，下部的"羊"表意。在后来的演变过程中，"君"和"羊"的组合方式发生了变化，变成了左右结构的"群"。

篆书"群"　　　　楷书"群"

羊的身上有股膻味，尤其是组成羊群的时候，这种气味异常浓烈。甲骨文"羴（shān）"，由倒三角形结构的三只"羊"会意而成，造型简单，含义清晰。在后来的演变过程中，由倒三角形转变为"品"字形，结构更加稳定。新中国成立后，在汉字简化和规范过程中，"羴"认定为异体字，取而代之的是左形右声的"膻"。

甲骨文"羴"　　　楷书"羴"　　　楷书"膻"

💡 点亮"思维场"

羊群之于草原，就像雄鹰之于蓝天。难怪蒙古族歌曲《美丽的草原我的家》中唱道，"牛羊好似珍珠撒……草原就像绿色的海……愉快的歌声满天涯。"著名作家老舍先生在《草原》一文中这样写道，"羊群一会儿上了小丘，一会儿又下来，走在哪里都像给无边的绿毯绣上了白色的大花。"你喜欢这样的景象吗，听听歌，读读文，给心情放个假吧！

梳理"关系图"

44. 物之大者的"牛"

认识"主人公"

　　牛一直是勤劳、奉献、奋进、力量的象征。人们常用"老黄牛"形容勤勤恳恳的人；用"孺子牛"形容无私奉献的人；用"拓荒牛"形容开拓奋进的人……

　　美中不足的是，牛的性格太过耿直，脾气太过倔强，这一点可以从牛角的造型上得到印证。与向下盘曲、与世无争的羊角不同，牛角向上而生，锋芒毕露，坚硬有力。甲骨文"牛"，最为醒目的笔画就是既像铁钳，又像钢叉的"牛角"。在后来的演变过程中，"牛角"的锋芒有所收敛，笔画变得方正平直，定型为现在通用的"牛"。

甲骨文"牛"　　　　楷书"牛"

走进"朋友圈"

六畜之中，牛的体形最为庞大。甲骨文"物"，左边用"牛"表意，右边用"勿"表声，充分体现了"牛为物之大者"的特点。换句话说，牛是庞然大物，用它表示"物"的意思非常恰当。

甲骨文"物"　　　　　　楷书"物"

牛的叫声低沉而悠长。篆书"牟"，下部是"牛"，上部是代表声音上扬和气息上行的"厶（sī）"，同时，"厶"也都读作"mǒu"，还具有表音的作用。上下组合，意在突出牛的叫声。从这个意义上说，"牟"是象声词"哞"的本字。后来，以有无"口"字旁区分二者的字形，各表其意。

篆书"牟"　　　　　楷书"哞"　　　　　楷书"牟"

牛角的用途相当广泛，既是中药材，也是制作乐器和工艺品的原材料。但拆解牛角是一件相当费劲的力气活儿和技术活儿。

甲骨文"解"，以"牛"为基础，左上部是牛角和双手的象形，合起来表示双手用力拆解牛角。在后来的演变过程中，双手变成了"刀"，剖解牛角更加得力，"牛""角""刀"三部分组合会意，形成了左右结构的"解"。

甲骨文"解"　　　　楷书"解"

　　"牛"在农耕时代是生产力的代表，也是财富的象征。身价不菲的耕牛常会引来某些贪婪之徒的觊觎，甚至会引发争抢或争斗。甲骨文"争"，中间是牛角的造型，上下各有一只拼命拉扯的"手"，都想把牛角拽过来，进而把牛据为己有。在后来的演变过程中，双手与牛角充分融合，形成了现在通用的"争"。

甲骨文"争"　　　　楷书"争"

点亮"思维场"

　　"争"的字理启示我们，在利益面前，最能考验人们的品行和操守。"勿贪意外之财"，如果人人都能做到"苟非吾之所有，虽一毫而莫取"，人世间就会少一分争斗，多一分友善，和谐美好的世界才会如约而至。

梳理"关系图"

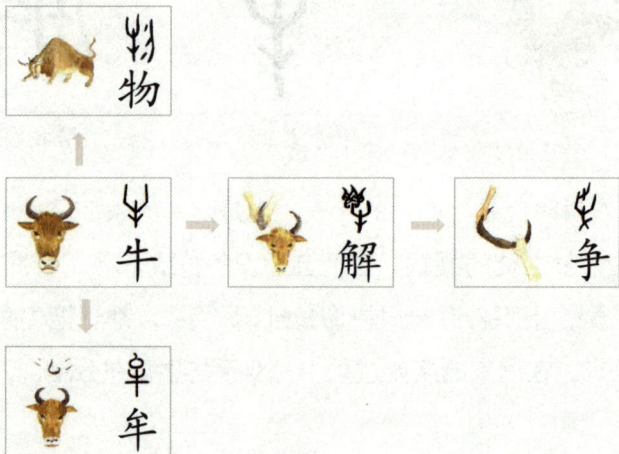

45. 美丽轻盈的"鹿"

鹿是一种美丽、乖巧、可爱的动物。古人认为，鹿能为人间带来吉祥和幸福，能通万物之情，因此被视为神物。经典动画片《九色鹿》讲述的就是"神鹿"扶危济困、惩恶扬善的故事。

甲骨文"鹿"，用象形的手法表现了"鹿"的外形特征：枝杈状的双角，明亮的眼睛，轻盈的身体，跳跃的四蹄，简直就是精灵、天使般的存在。在后来的演变过程中，字形变得比较抽象，定型为现在通用的半包围结构的"鹿"。

甲骨文"鹿"　　　　　楷书"鹿"

走进"朋友圈"

鹿最为显著的特征，就是头顶那对美丽的鹿角。甲骨文"丽"，下部是

"鹿"的象形，上部是一对鹿角，二者组合会意，既表示成双成对，又表示华丽、美丽的意思。在后来的演变过程中，上部的"鹿角"变成了"丽"，与下部的"鹿"组成了繁体字"麗"。最终经过简化，省却了下部的"鹿"，保留了上部的"丽"，成为一个独立的汉字。

甲骨文"丽"　　　　楷书繁体"丽"　　　　楷书简体"丽"

鹿浑身是宝。鹿皮常被古人用作贺礼和聘礼，表达诚挚的心意和祝福。甲骨文"庆"，主体是一张完整的鹿皮，中间包裹着一颗真挚的心，合起来表示由衷地庆贺。后来经过简化，变成了"广"和"大"的组合体，也就是半包围结构的"庆"。

甲骨文"庆"　　　　　　楷书"庆"

鹿喜欢群居在树林当中。甲骨文"麓"，中间是既表音又表意的"鹿"，两侧各有一棵树，代表周围的环境，合起来表示鹿生活的地方——山麓的"麓"。在后来的演变过程中，两侧的树变成了上部的"林"，再加上下部的"鹿"，变成了现在通用的上下结构的"麓"。

甲骨文"麓"　　　　楷书"麓"

　　鹿四肢修长，擅长跳跃和奔跑。在遇到危险的时候，它们就会撒腿狂奔，逃之夭夭。顷刻之间，黄土漫天，烟尘四起。篆书"尘"，上部是三只"鹿"，下部是代表地面的"土"，形象地再现了鹿群狂奔、尘土飞扬的景象。在后来的演变过程中，三只"鹿"变成了一只"鹿"，与下部的"土"组成了繁体字"塵"。最终经过简化，定型为会意字"小土'尘'"。

篆书"尘"　　　楷书繁体"尘"　　　楷书简体"尘"

💡 点亮"思维场"

　　有人可能会问，我们在第四章《天象篇》里已经认识了"小土'尘'"，怎么在这里还要重复学习呢？让我们从"朋友圈"的视角，来思考这个问题，人的朋友圈是纵横交错的，汉字朋友圈也是网状交织的，同一个字"跨界"出现在多条朋友圈是很正常的，这恰恰说明了汉字衍生的丰富性和多元性。

　　此外，从学习的视角来看，孔子说，"学而时习之"。一遍有一遍的效果，一遍有一遍的收获，这就是"学无止境、温故知新、日新又新"。

梳理"关系图"

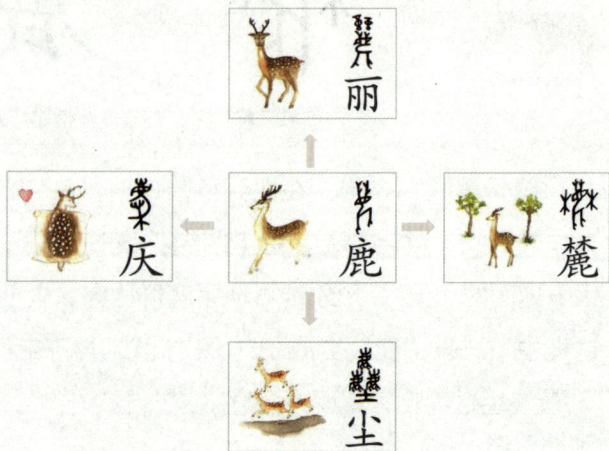

第八章

房舍篇

FANGSHEPIAN

46. 岩洞野居的 "穴"

远古时期，人们过着幕天席地的生活。为了遮风挡雨、躲避猛兽的侵袭，他们常常因陋就简，选择洞穴作为栖身之所。

金文 "穴" 是洞口的象形，字形以伸展下垂的 "宀" 为轮廓，内侧的笔画像是遮挡洞口的石块。在后来的演变过程中，"宀" 两侧的笔画收缩上移，内侧的笔画突出伸展为 "八"，组成了现在通用的 "穴"。

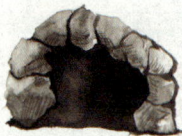

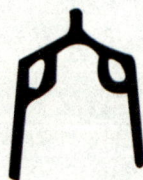

金文 "穴"　　　　　　楷书 "穴"

走进 "朋友圈"

穴居野处的生活，记载着远古人类的蛮荒印记。在汉字家族中，还有不少字保留着 "穴居" 的痕迹。比如，金文 "出"，上部是代表脚的 "止"，下部是代表洞穴的 "V" 形笔画，二者组合起来，表示一只脚踏出洞穴，将要出行。在后来的演变过程中，变成了"屮"与"凵"的组合体，这就是现在通用的"出"。

金文"出"　　　　　楷书"出"

再如，甲骨文"各"，上部的"止"代表往回走的脚，下部的"口"代表洞穴，合起来表示一只脚正要踏入洞穴，意思是回来。在后来的演变过程中，上部的"止"变成了同样表示行走的"夂"，也就是我们通常所说的"折文"，与下部的"口"相组合，形成了现在通用的"各"。

甲骨文"各"　　　　　楷书"各"

除了洞穴可以栖身，山崖之下也可以遮风避雨。这种更为简陋的居所，在甲骨文中写作"厂"，是类似等腰直角三角形的象形文字。在后来的演变过程中，省去了里面的"斜线"，变成了与"工厂"的"厂"相同的字形。但是，字形相同，字义不同，读音也不同。

甲骨文"厂"　　　　楷书"厂"

"厂"既可以独立成字，也可以作为表意的部件，再与其他部件组成新字。山崖所在的地方，往往多怪石、陡崖、重岩。与之有关的"石""崖""岩"等字，都带有"厂"这个部件。

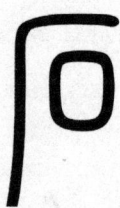

篆书"石""崖""岩"

无论身居山洞还是山崖，都无法完全躲避毒蛇和猛兽的侵袭。古人受鸟类筑巢于树的启发，开始了"构木为巢"的生活。《韩非子·五蠹》记载："上古之世，人民少而禽兽众，人民不胜禽兽虫蛇。有圣人作，构木为巢以避群害，而民悦之，使王天下，号曰有巢氏。"意思是说，有巢氏发明了在树上建巢，使人民免遭禽兽虫蛇袭击，受到人民拥护。

甲骨文"余"，下部是"树杈"的象形，上面用类似等腰三角形的符号代表房顶，二者组成类似鸟巢的树屋。在后来的演变过程中，上部变成了"人"字头，下部是"一"与"木"的组合体，这就是现在通用的"余"。

甲骨文"余"　　　楷书"余"

　　"鸟巢"的"巢"是象形文字。金文"巢",下部是"木",上部是鸟窝的象形。在后来的演变过程中,"鸟窝"变成了"曰",与下部的"木"组成了"果",同时"鸟窝"的上部增加了表示三只小鸟的"折川——巛",仿佛小鸟正从巢里探出头来,嗷嗷待哺,字义更加生动,这就是现在通用的"巢"。

金文"巢"　　　楷书"巢"

点亮"思维场"

　　著名历史学家吕振羽在《中国历史讲稿》中指出:"到了有巢氏,我们的祖先才开始和动物区别开来……从此就开始了人类历史。"你同意这种观点吗?为什么?

梳理"关系图"

 →  → 石 崖 巖

47．安居殷实的"宀"

　　远古先民在"构木为巢"的过程中，掌握了搭建房屋的技术，这是一种四周皆有遮挡，顶部有斜顶覆盖的建筑形式。后来，这种建筑迁移到采光、通风、交通都更加便利的地面上，形成了房屋的雏形，这就是"宀"。

　　甲骨文"宀"，高耸的中部像是房顶，下垂的两侧像是墙体。在后来的演变过程中，高耸的房顶变成了上部的"点"，两侧下垂的笔画向上收缩，变成了"秃宝盖——冖"，表示覆盖的意思，二者组合起来就是"宀"，也就是我们通常所说的"宝盖头"。

甲骨文"宀"　　　　楷书"宀"

走进"朋友圈"

"宀"这种简易的房子，又被称作"庐"。由于"庐"与"六"的读音相近，就被借用来表示数字"六"。甲骨文"六"，上部是房顶和房檐的象形，下部的"两竖"像简易的墙体或柱子。在后来的演变过程中，字形和笔画向着扁平化和抽象化的方向发展，定型为现在通用的"六"。

甲骨文"六"　　　　楷书"庐"　　　　楷书"六"

房屋是否宜居，开窗通风很重要。甲骨文"向"，外部是房屋的象形"宀"，中间的"口"代表窗户，二者组合起来，表示带有窗户的房屋。在后来的演变过程中，"宀"的尖顶变成了"短撇"，墙体变成了"冂"，也就是我们通常所说的"同字框"，再加上里面的"口"，组成了半包围结构的"向"。

甲骨文"向"　　　　楷书"向"

在《诗经》中，有"塞向墐（jìn）户"的诗句，意思是说"冬天到来的时候，要封好北窗糊（hū）好门缝，防寒保温。"尽管如此，但那时候的房屋非常简陋，屋里依然寒气袭人。甲骨文"寒"，上面是代表房屋的

"宀"，里面放置了一些用来保温取暖的柴草，柴草中间蜷缩着一个赤脚的人，人的脚下有两块冰，用来表现寒冷的程度。在后来的演变过程中，上部的"宀"保持不变，四周的柴草变成了中间的三横两竖，像是捆扎（zā）好的草把子，"人"和"冫"排列在下方，组成了现在通用的"寒"。

甲骨文"寒"　　　楷书"寒"

以"宀"为代表的房舍（shè）出现后，人类告别了居无定所的生活。人们把猪等牲畜圈养起来，既可以自己食用，也可以用来祭祀。甲骨文"家"，上部是"宀"，下部的"豕"代表猪，以屋子里有猪代表生活富足、家业兴旺。也有人说，"宀"与"豕"的组合，表现了在家中用猪进行祭祀的情景。不论哪种解释，都能从中看到远古人类居家生活的雏形。

甲骨文"家"　　　楷书"家"

古人讲："祖宗虽远，祭祀不可不诚。"甲骨文"宗"，上部是"宀"，下部是代表祭台供桌的 T 字形，合起来表示祭祀祖先的宗庙，引申为祖宗、宗族等意思。在后来的演变过程中，上部的"宀"保持不变，下部的祭台变成了"示"，组成了现在通用的"宗"。

甲骨文"宗"　　　　楷书"宗"

常言道，"一屋不扫，何以扫天下。"甲骨文"寝"，上部是"宀"，下部是一把扫帚的象形，合起来表示，把屋子打扫干净好让人休息，这就是"就寝"的"寝"。在后来的演变过程中，左下部增加了床的象形"爿（pán）"，突出了就寝的地方，右下部增加了"又"，代表扫地铺床的"手"，表意更加完整，定型为现在通用的"寝"。

甲骨文"寝"　　　　楷书"寝"

俗话说："水火无情。"甲骨文"灾"，上部是"宀"，下部是"火"，合起来表示屋里失火，灾难临头，毁于一旦，这就是"火灾"的"灾"。

在甲古文中，"zāi"还有另外两种样态：一是用三条"波浪线"表示洪水泛滥的水灾，进而演变为"巛"与"火"组合体，就是表示水灾的"灾"。二是把代表战争的"戈"与代表人头的毛发组合起来，用利刃斩首的画面，表示兵荒马乱的"兵灾"，进而在左下部添加"火"字，组成"兵灾"的"烖"。

在后来的演变和简化过程中，"水灾"的"灾"，"兵灾"的"烖"，都统一写作"火灾"的"灾"。

金文"水灾"

甲骨文"火灾"　　甲骨文"兵灾"　　楷书"灾"

　　房舍，既是家庭生活的基本条件，也是官府办公的重要场所。甲骨文"官"，上部是"宀"，下部是"山丘"的象形，合起来表示山丘之上官吏的馆舍。在这里，"官吏"的"官"与"馆舍"的"馆"意思是相通的。在后来的演变过程中，"官"下部的山丘先变为"自（duī）"，再变为"吕（yǐ）"，最终定型为现在通用的"官"。

楷书"馆"

甲骨文"官"　　篆书"官"　　楷书"官"

　　房舍之中，最为气派的当属王宫。杜牧在《阿房宫赋》中写道："覆压三百余里。"据说北京故宫有9999.5间房子。不论夸张还是写实，都反映了宫殿规模的宏大。甲骨文"宫"，上部是"宀"；下部是两个表示"宫室"的"口"，各有一角嵌套在一起，表示宫室数量多且连绵不断。后来，两个"口"变成了上下结构的"吕"，与"宀"组合，形成了现在通用的"宫"。

甲骨文"宫" 　　　　楷书"宫"

　　同为宫室，也大小有别。气势恢宏的宫室被称作"宣"。由于高大宏阔，远远望去云遮雾绕，恍若仙境。甲骨文"宣"，上部是"宀"，下部是表示回环飘逸的祥云。在后来的演变过程中，下部的祥云变成了表示回旋的"亘（xuān）"，突出了云卷云舒的意思，同时起到了表音的作用，字义更加准确。

甲骨文"宣" 　　　　楷书"宣"

　　家庭的安宁离不开女子的操持和打理。甲骨文"安"，由"宀"和"女"组合而成，表示女子能给家庭带来安定宁静的幸福生活。

甲骨文"安" 　　　　楷书"安"

《诗经》有言："民亦劳止，汔（qì）可小康。"意思是说人民实在太劳苦，但求可以得安康。"安康"二字，以"安"为前提，可以理解为安定、安居，我们在上面已经了解了"安"的字理。"康"是一种生活的目标，即殷实、富足的生活状态。无独有偶，殷实的"实"，富足的"富"与"安"一样，都属于"宀"字族。

金文"实"，由"宀""田""贝"组合而成。"宀"表示有屋住；"田"可以种庄稼，生产粮食，代表有食吃；"贝"在古代用作货币，代表有钱花。有屋住、有食吃、有钱花，这就是人们心中殷实幸福的生活。在后来的演变和简化过程中，定型为"宀"与"头"的组合体，最初表意的"田""贝"已经无处找寻了。

金文"实"　　　　　楷书"实"

金文"富"，由"宀"和代表酒的"酉"组合而成。"酒"在温饱尚不能解决的远古时期非常珍贵，相当于奢侈品。屋子里堆满了酒，这户人家的富裕程度自然可想而知。在后来的演变过程中，下面的"酉"变成了表示满盈的"畐（fú）"，既突出了字义，又表示了读音，可谓一举两得。

金文"富"　　　　　　楷书"富"

 点亮"思维场"

　　从"宀"到"家"，再到"安"，一路走来，我们感受到了人类生产力水平和生活质量发生的变化。与"家""安""实""富"类似的，还有"宁""宝""宾"等"宀"字族的字，如果探究一下它们的字理渊源，肯定会有不小的收获。

篆书"宁""宝""宾"

梳理 "关系图"

48.开关自如的"门"

认识"主人公"

《左转·襄公三十一年》:"门不容车,而不可逾越。"意思是说:门小车大,不能通行。《淮南子·原道训》:"百事有所出,而独知守其门。"意思是说:看待事物,要把握门道和根本。古语启示我们,"门"的作用非同寻常,是出入通行、正本清源的关键之所在。

甲骨文"门"是一个象形字,外面的笔画像高高耸立的"门框",里面的笔画像可以自由开关的"门板"。在后来的简化过程中,门框的造型得以保留,门板不复存在,定型为现在通用的"门"。

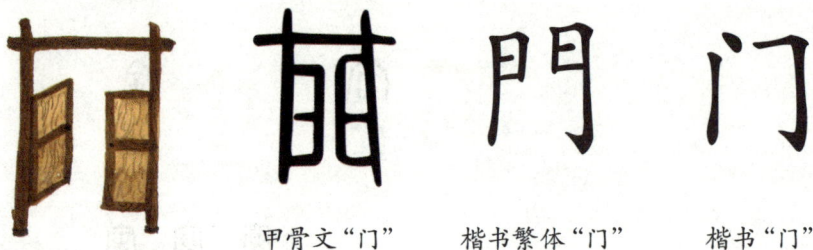

甲骨文"门"　　　楷书繁体"门"　　　楷书"门"

走进"朋友圈"

金文"关",外框是"门",里面的两竖,好像是拴上绳索的顶门柱。把两扇门板合上，再用木棍把门板顶住，用绳索拴好，这就是"关门锁门户"的"关"。篆书"关"，在顶门柱的上方又增加了表示绳索的"丝"，字义更加完整。在后来的演变过程中，分化出"關""関"等多种写法。在汉字简化过程中，以异体字"関"为基础，省却了外面的"门"，变成了现在通用的"关"。

金文"关"	篆书"关"		楷书简体"关"
		楷体异体字"关"	

用顶门柱和绳索关门比较麻烦，相比之下，门闩就方便多了。在两扇门板的背面装上插孔，用一根横木从插孔中穿过去，就可以把两扇门连接在一起，这就是"门闩"。篆书"闩"，用"门"和"一"组合会意，字形和字义都简单明了。

篆书"闩"　　　　　楷书"闩"

门闩操作简便，开关自如。古文"开"，外侧是"门"，里面的上部是代表门闩的"一"，下部是拉动门闩的两只手，当把门闩取下来，门自然就开了。在后来的演变和简化过程中，外面的"门"被省去，保留了代表门闩的"一"和表示双手的"廾"，合起来组成现在通用的"开"。

古文"开"　　　　楷书繁体"开"　　　　楷书简体"开"

门，一般都是由两扇门板组成的。但也有单扇的门，现在使用的室内门大都如此。这些单扇的"门"，被称作"户"。甲骨文"户"，是象形文字。在后来的演变和简化过程中，变成了"丶"和"尸"的组合体，但依稀还能看出门板的模样。

甲骨文"户"　　　　　　　楷书"户"

上面讲到的"开"，表现了双手打开两扇门的情景。对于单扇门，只需要一只手就搞定了。甲骨文"启"，左侧是伸出的手，右侧是正要开启的"门"。如果去往别人家中，推门入户之前，需要通禀一声。因此，金文"启"的下方增加了通名报姓的"口"，字义更加完整。在后来的演变过程中，变成了结构更为紧凑的繁体字"啟"。在简化过程中，省却了右侧的反文——攵（pū），定型为现在通用的"启"。

金文"启"

甲骨文"启"　　　　楷书繁体"启"　　　　楷书简体"启"

古时候，可以在门板题写文字，表彰善行善举，这就是"扁"。篆书"扁"左上是"户"，表示题写的位置，下面是"册"，表示所题写的内容。在后来的演变过程中，又在"扁"的外围增加了象形的部件"匚（fāng）"，也就是我们通常所说的"三框儿"，形成了半包围结构的"匾"。

篆书"匾"　　　　楷书"扁"　　　　楷书"匾"

点亮"思维场"

像"户"这样，从"母字'门'"上抽取一半，表示新的意思，是汉字分化中的一个有趣的现象。与之类似的还有许多，比如，把篆书"木"从中间劈开，一分为二，各抽取一半，就形成"爿"和"片"这两个新字。类似的字例还有许多，感兴趣的话，可以继续搜集整理。

篆书"木""爿""片"

梳理"关系图"

 → 米 井 片 ……

49. 有亭翼然的"高"

认识"主人公"

古代的城池一般都有高大的城墙和高耸的城楼。甲骨文"高"，从上到下依次是城楼、城墙和城门的象形。在后来的演变过程中，字形变得更加平直方正，定型为现在通用的"高"。

甲骨文"高"　　　　楷书"高"

走进"朋友圈"

古代最宏伟的城楼，非京都莫属。甲骨文"京"，与甲骨文"高"的字形比较相近，但笔画更为简练，尤其是中下部的城墙和城门，简化为一个倒转的"山"字。在后来的演变过程中，倒转的"山"又变成了"小"，与上面的笔画相组合，形成了现在通用的"京"。

甲骨文"京"　　　　　楷书"京"

　　两个城池之间的距离往往比较遥远，为了方便饯别送行或旅途休憩歇脚，一般每隔五到十里就会建造一座凉亭，正所谓"五里一短亭，十里一长亭"。篆书"亭"，以"高"的造型为基础，上部完全相同，中间的"冂"变成了"冖"，下部的"口"变成了"丁"。这里的"丁"同时具有表音的作用。

篆书"亭"　　　　　楷书"亭"

　　与"亭"类似的，还有篆书"亮"，中上部分保留了"高"的字形，下部的"口"变成了"人"，意思是人站在高处，才能高瞻远瞩，心明眼亮。在后来的演变过程中，"人"变成了"几"，形成了现在通用的"亮"。

篆书"亮"　　　　　楷书"亮"

点亮"思维场"

上面介绍的"京""亭""亮"三个字，都是以"高"为基础，替换下半部分，重新组合而成的。由此可见，"高"是一个极具创生能力的"母字"。其实，"高"的上半部分也可以替换组合，形成新字，那又是谁呢?

不着急，咱们先来欣赏一首小诗："折戟沉沙铁未销，自将磨洗认前朝。东风不与周郎便，铜雀春深锁二乔。"这是唐代诗人杜牧的名作《赤壁》。答案是一个繁体字，就藏在诗句当中，赶紧去找找吧。

梳理"关系图"

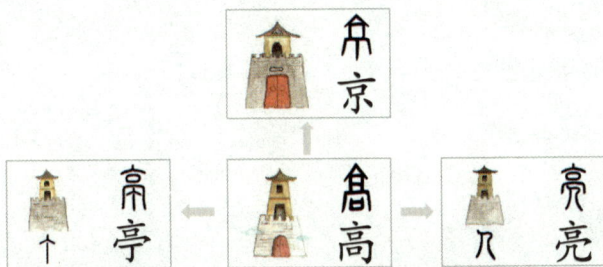

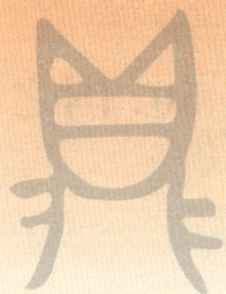

第九章

器物篇

QIWUPIAN

50. 国之重器的"鼎"

认识"主人公"

　　远古时期,"鼎"只是一种用来煮东西的普通器皿。传说大禹治水后,收集天下的青铜铸造了九个鼎,以此象征九州。自此,九鼎成为至尊礼器。西周时期,随着礼乐制度的确立,"天子九鼎,诸侯七鼎,卿大夫五鼎……"鼎的使用更加规范,标准更加明确,成了权力和身份的标志。

　　"鼎"是三足、大腹、两耳的器物。甲骨文"鼎",突出了鼎足、鼎腹、鼎耳的特征,是个憨萌可爱的象形文字。在后来的演变过程中,"鼎"的写法变得有些烦琐,成了一个字形和笔顺都比较复杂的字,以显庄重。

甲骨文"鼎"

楷书"鼎"

 走进"朋友圈"

"鼎"原本是蒸煮和盛放食物的器具。甲骨文"具",上部是"鼎",下部是双手,合起来表示双手捧着盛有食物的器具,说明食物已置备妥当,引申为供置、完备等意思。在后来的简化过程中,上部的"鼎"省写为"目",下部的双手变成了"丌",组成了现在通用的"具"。

甲骨文"具"　　　楷书"具"

鼎口有方形和圆形之分。甲骨文"员",以"鼎"为基础,在鼎口的上方画一个圆圈,以此表示圆的意思。在后来的演变过程中,上部的圆圈变成了"口",下部的"鼎"变成了"贝",定型为现在通用的"员"。此外,另造了带有"国字框——囗"的"圆",专门用来表示形状。

甲骨文"员"　　　　楷书"员"　　　　楷书"圆"

远古人类的生活充满未知和困惑,他们以为捕获的野兽和种植的粮食都是上天的赏赐和祖先的庇佑。所以,用鼎煮好食物以后,要先祈祷一番,方可食用。久而久之,鼎就成了用来祭祀的器皿。祭祀的时候往往需要进行占卜。金文"贞",下部是"鼎"的象形,上部是占卜的"卜",合起来表示占卜的意思。在后来的演变过程中,"鼎"简化为"贝",与上部的"卜"组合起来,形成了现在通用的"贞"。

金文"贞"　　　　　　楷书"贞"

占卜结束以后,古人会用刀在鼎上刻下文字,记录这一过程。同时,他们还会把一些重要的典章制度刻在鼎上,以期永志不忘、共同遵守。金文"则",左侧是"鼎",右侧是"刀",形象地再现了用刀在鼎上刻字的情形。在后来的演变过程中,"鼎"简化为"贝","刀"变形为"刂",组成了现在通用的"则"。

金文"则"　　　　　　楷书"则"

在金文"则"的左侧加个"人",就变成了"侧"。金文"侧"的造型简单明了,是以人表意、以则表声的形声字。关于"侧"的解读,还有另外一种说法,鼎既贵重又笨拙,搬动的时候需要两个人小心翼翼、齐心协力,"鼎"的两侧就是两个侧身搬鼎的"人",这里的"侧",突出了两侧、侧身之义。

金文"侧"

楷书"侧"

尽管"鼎"极其贵重，但有时也会面临被打砸、被损毁的命运。甲骨文"败"，左侧是"鼎"，右侧是举起棍棒的手，合起来表示手持棍棒，用力砸鼎，使其毁坏。在后来的演变过程中，左侧的"鼎"简化为"贝"，右侧举起棍棒的手变成了表示击打的"攵"，也就是我们通常所说的反文旁，二者组合，形成了左右结构的"败"。

甲骨文"败"

楷书"败"

💡 点亮"思维场"

通过上面的介绍，我们知道，"鼎"集食器、礼器、祭器、法器等功能于一身，真可谓国之重器！在汉语家族中，带有"鼎"的词汇也多有郑重的含义和色彩，如"定鼎天下""问鼎中原""一言九鼎"等。

梳理"关系图"

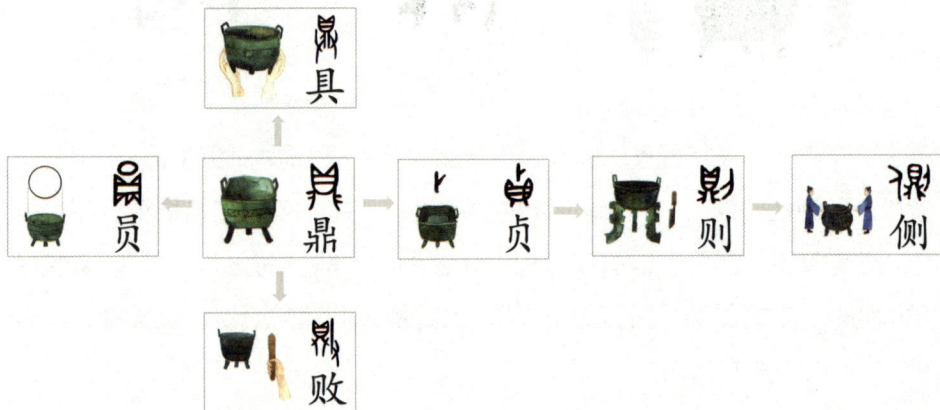

51. 祭祀用器的"豆"

《左传》有云："国之大事，在祀与戎。"意思是说，国家的重大事务，在于祭祀与战争。上一讲，我们了解了集礼器、祭器等功用于一体，象征至尊权力"鼎"。接下来，我们再来了解一下其他的祭器和礼器。

甲骨文"豆"，像个大口深腹的高脚杯，杯中的短横代表盛放的祭祀物品，也反映了器皿的属性。金文"豆"，将中间的短横挪到了顶部，仿佛是扣在杯口上面的盖子，造型更加生动。在后来的演变过程中，字形变得更加方正，定型为现在通用的"豆"。

甲骨文"豆"　　　金文"豆"　　　楷书"豆"

走进"朋友圈"

制作祭祀器皿的材料不尽相同。上面讲到的"豆"是用木头制作的，还有一种叫作"登"的器皿是用陶土制作的。甲骨文"登"，比较完整地再现了祭祀的动作，上面是一双脚，中间是器皿，下面是一双手，合起来表示手捧祭器登上祭台。在后来的演变和简化过程中，省却了下部的双手，保留了登高的双脚和手中的祭器，组成了现在通用的"登"。

甲骨文"登"　　　　　　楷书"登"

祭祀的时候特别讲究仪式感，作为祭器的"豆"也被赋予了礼器的内涵。甲骨文"豊（𧮫）"，下部是代表礼器的"豆"，上部是代表容器的"凵"，里面的两个"王"代表"玉"，合起来表示这是一种用来盛放玉器的礼器。在后来的演变过程中，上部的"凵"和"玉"合并为"曲"，与下部的"豆"组合形成了上下结构的"豊"。

甲骨文"豊"　　　　　　楷书"豊"

与甲骨文"豊"造型相近的是甲骨文"丰"，二者的区别在于所盛放的物品。"豐"的里面是两个禾木，以此代表庄稼丰收、五谷丰登，表明这是用来盛放五谷的礼器。在后来的演变和简化过程中，变成了"三横一竖"的"丰"。

甲骨文"丰"　　楷书繁体"丰"　　楷书简体"丰"

汉代以后，"稻粱菽，麦黍稷"中的"菽"也被称作"豆"，由此"豆"与粮食结缘。如豇豆的"豇"、豆豉的"豉"，都以"豆"作部首，表明它们是与豆类有关的作物。

篆书"豇""豉"

点亮"思维场"

在这一讲的学习中，我们了解了"豆"从祭器到谷物的演变。说到"豆"，还有一首流传千古的借物喻人的诗作，这就是曹操的儿子曹植在面对哥哥曹丕的迫害时写下的《七步诗》："煮豆燃豆萁，豆在釜中泣。本是同根生，相煎何太急。"读一读，想一想，这首诗好在哪里，表达了什么情感，你受到了什么触动？

 梳理"关系图"

52. 盛物之器的"皿"

⭐ **认识"主人公"**

与祭祀器具"豆"相比,"皿"的用途更为广泛,可以盛放各种物品。甲骨文"皿"是象形文字,用简练的线条表现外形轮廓,连皿口两侧的双耳也清晰可辨。由此可见,古人的观察和表现能力不可谓不精准。在后来的演变过程中,"皿"的字形变得更加方正。

甲骨文"皿"   楷书"皿"

🎡 **走进"朋友圈"**

远古时期没有镜子,人们就把水倒入皿中,水面就变成了镜面。甲骨文"监",左边是盛水的"皿",右边是跪坐的人,他俯身皿上,睁大眼睛,把水面当作镜面,正在揽镜自照。在后来的演变过程中,睁大的眼睛变成了左上的"两竖——刂",俯身的人变成了右上的"ク","皿"的字形保持不变,组成了上下结构的"监"。

甲骨文"监"　　　　　楷书"监"

如果往皿中注水太多，就会溢出来。甲骨文"益"，表现的就是皿中盛满水，外溢而出的样子。篆书"益"，造型更加形象，上部的"水"左转90°，仿佛倒在了"皿"上，水满则溢的景象更生动了。

楷书"溢"

甲骨文"益"　　　　篆书"益"　　　　楷书"益"

盐是日常饮食不可或缺的调味品，古代就有专买专卖的官盐制度，未经政府允许民间不得贩卖私盐。篆书"盐"以"监"为基础，在右上"人"的里面增加了代表盐卤的"卤"字，以此突出需要监管和调味的特点。在后来的演变和简化过程中，上部变成了"土"和"卜"的组合体，加上下部的"皿"，组成了现在通用的"盐"。

篆书"盐"　　　　　楷书"盐"

远古时期，有"歃（shà）血（xuè）为盟""血（xuè）祭"等习俗，旨在通过杀牲取血和祭祀活动，表达虔诚之心。甲骨文"血"，主体是"皿"，中间的圆点，象征滴入其中的鲜血。在后来的演变过程中，圆点变成了短撇，与"皿"组合在一起，形成了现在通用的"血"。

甲骨文"血"　　　　　　楷书"血"

歃血、血祭等仪式结束后，需要将器皿洗涤干净，以备再用。甲骨文"尽"，主体依然是"皿"，上面是手拿炊帚的样子，合起来表示祭祀或饮食完毕，洗涤器皿，也就是"尽"。在后来的演变过程中，手和炊帚变成了"聿"和"灬"的组合体，下面是独立的"皿"字，这就是繁体字"盡"。在汉字简化过程中，根据繁体"盡"的草书字形定型为现在通用的"尽"。

甲骨文"尽"

盡

楷书繁体"尽"

草书毛体"尽"

尽

楷书简体"尽"

"皿"是器皿的通称，不仅可以独立成字，也可以像"监""益""盐"那样用作部首，形成"皿"字族。类似的字还有很多，比如，"盆""盅""盂"等字，都是用"皿"字底表意的形声字。

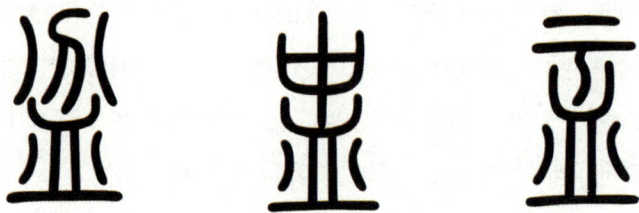

篆书"盆""盅""盂"

"盘",也是"皿"字族的一员。甲骨文"盘",造型非常简单,用简练的笔画描摹了"盘"的外形。这个字原本写作"凡",在甲骨文中,"凡"与"盘"是通用的。后来,为了准确区分字意,二者分化为差异较大的两个字。

甲骨文"凡"　　　楷书"凡"　　　楷书"盘"

点亮"思维场"

在这一讲的学习中,我们认识了"皿",以及用"皿"作部首,衍生出来的"皿"字族。那么,"皿"能不能做表音的声旁呢?有没有这样的字呢?想一想,《游子吟》的作者是谁?答案就藏在里面。

梳理"关系图"

53.大肚圆口的"缶"

　　缶，是一种大腹圆口、用来盛装酒水等液体的容器。甲骨文"缶"，用简练的线条表现了外形特征，下部是圆滚滚的"肚子"，上部是紧紧扣住的盖子。在后来的演变过程中，字形变得更加平直方正，但还能依稀看出变化的痕迹。

甲骨文"缶"　　　　　楷书"缶"

　　"缶"的制作材料非常简单，除了少量铜缶以外，大都是用黏土烧制而成的，也就是通常所说的陶缶。因此，"缶"常被用作代指陶器的部首。比如，水缸的"缸"、瓦罐的"罐"，以及陶瓷的"陶"，都带有表意的"缶"。

篆书"缸""罐""陶"

　　凡是陶器，都有怕摔易碎的缺点。不论是瓦缶，还是陶罐，一经碰击，往往就会残缺不全。篆书"缺"，左边是表示陶器的"缶"，右边是表示破坏、破损的"夬（guài）"，二者组合形成了会意字"缺"。另有一种说法是，左边的缶是用来表意的，右半部分读作"夬（jué）"，是用来表音的，二者组合形成了左形右声的"缺"。

篆书"缺"　　　　　楷书"缺"

点亮"思维场"

　　西周初年，周公旦"制礼作乐"，形成了用"礼仪"和"乐舞"教化生民的礼乐文化。没有钟鼓、琴瑟等乐器的时候，古人也会因陋就简、就地取材，通过击缶、鼓盆等方式，达到为表演助兴的效果。在《史记·廉颇蔺相如列传》中，有蔺相如临危不惧，倒逼秦王击缶，为赵王和国家赢得尊严的记载。在《庄子·至乐》中，有"鼓盆而歌"的典故。如果感兴趣，可以找来读一读。

梳理"关系图"

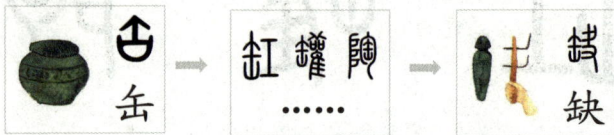

54.燕乐嘉宾的"酉"

认识"主人公"

　　自从杜康发明酿酒术，酒深深地影响着中国人的精神文化生活。《诗经》中有"我有旨酒，以燕乐嘉宾之心"，记录了宴乐欢聚的美好时光。王维的《送元二使安西》中有"劝君更尽一杯酒，西出阳关无故人"，见证了好友送别时的难舍难分。曹操的《短歌行》中有"何以解忧，唯有杜康"，表现了酒解忧消愁、慰藉心灵的独特作用。

　　"酒"，本写作"酉"。甲骨文"酉"，本义是盛酒的容器，字形也是酒坛的象形。因为有盛酒的功用，便引申为"酒"。后来。以有无"氵"为标志，区分"酉"和"酒"的字形。

甲骨文"酉"　　　　楷书"酉"

走进"朋友圈"

　　甲骨文"酒"有两种写法。一种写法是，左边以"氵"表意，右边以"酉"表声。另一种写法是，两侧是代表酒的水流，"酉"在中间，仿佛浮于酒水之上，极具动态美和对称美，可惜没有传承下来。沿用至今的是左形右声的"酒"。

甲骨文"酒"　　　　甲骨文"酒"　　　　楷书"酒"

　　诗圣杜甫曾写过鞭挞社会现实的经典诗句"朱门酒肉臭，路有冻死骨"。劳苦大众被活活饿死，王公贵族却过着酒池肉林的生活，富得流油。金文"富"，上面是表示房屋的"宀"，下面是象征财富的"酉"，以屋子里堆满了"酒"来表示富足、富裕的意思。在后来的演变过程中，下面的"酉"变成了"畐"，与上面的"宀"组合，形成了上形下声的"富"。

金文"富"　　　　　楷书"富"

　　酒是古时的奢侈品，也是祭祀活动的必需品。甲骨文"尊"，上部是盛有美酒的"酉"，下部是一双手，合起来表示手捧美酒，祭祀神灵。在后来的演变过程中，上部的"酉"变成了"酋"，下部的双手变成了代表单手的"寸"，定型为现在通用的"尊"。

甲骨文"尊"　　　　　　楷书"尊"

以"尊"为基础，左侧加上祭台，就是"祈福"的"福"。甲骨文"福"，左侧"T"形的笔画是祭台的象形，右侧是甲骨文"尊"的造型，合起来表示双手捧着酒坛在祭台前祈福。在后来的演变过程中，左侧的"T"变成了表意的"礻"，右侧的"尊"变成了表音的"畐"，组成了左形右声的"福"。

甲骨文"福"　　　　　　楷书"福"

"酒"可以敬献给神灵，也可以用来赏赐和分享。甲骨文"商"是"赏"的本字，上面是盛有美酒的"酉"，下面是摆放美酒的底座，合起来表示美酒已经备好，即将论功行赏，与众人分享。

甲骨文"商"　　　　楷书"赏"　　　　楷书"商"

　　分享美酒，是一个技术活，更是一个良心活，需要公平公正、德高望重的人来掌勺。金文"酋"，下部是盛满美酒的"酉"，上面是表示均分的"八"，合起来代表掌酒官，这样的人被称作"酋"，后来引申为部落首领，现在仍有"酋长"一词。

金文"酋"　　　　　　楷书"酋"

　　"酋"是掌管酒、分配酒的人，可惜在字形中并没有体现"人"的元素，这一缺憾可以在"配"中得以弥补。甲骨文"配"，左侧是盛有美酒的"酉"，右侧是跪坐在酒坛边分配酒的人，"酉"上面的小点代表芬芳四溢的酒香。另有一种解读是，这个跪坐的人正在往"酉"中添加配料，勾兑使酒香更加浓郁。在后来的演变过程中，"酉"上的小点消失了，右侧的"人"变成了"己"，定型为现在通用的"配"。

甲骨文"配"　　　　　楷书"配"

　　俗话说："好东西不可多用。"饮酒更是如此，不可喝多，不可醉酒，以"微醺"为佳。篆书"醉"，由表意的"酉"和表音的"卒"组合而成。同时，"卒"也有表意的作用，意思是"结束"，可以理解为喝酒要喝到尽兴方能罢休，也可以理解为要把"酉"中的"酒"喝光为止，这两种行为往往都会导致醉酒，不足可取。与"醉"类似的还有"醺""酩""酊""酗"等字，也都是由表意的"酉"衍生出来的形声字。

篆书"醉"　　　　　楷书"醉"

篆书"醺""酩""酊""酗"

　　酿酒的工艺比较复杂，要经过"发酵""酝酿""蒸馏"等环节。有时候为了让酒味更加醇厚，会采用一种叫"酎（zhòu）"的工艺，具体做法是，"用酒为水酿之，是再重之酒也。次又用再重之酒为水酿之，是三重之酒也"。意思是说，以酒为水，再次酿酒，反复三遍。这里提到的"酵""酝""酿""醇""酎"，都是由"酿酒"这层意思引申出来的"酉"字族的字。

篆书"酵""酝""酿""醇""酎"

发酵工艺还可以用来制作调味品。厨房里最常见的酱油和陈醋，都是经过类似酿酒的发酵工艺制作而成的。酱油的"酱"、陈醋的"醋"，也是用"酉"来表意，同属于"酉"字族。

篆书"酱""醋"

💡 点亮"思维场"

在这一讲的学习中，我们认识了"酉"及其"酉"字族的字。这些字都是由"器皿""饮酒""发酵"等意思衍生出来的。除此之外，"酉"还是十二生肖之一，它代表谁，有什么含义？赶紧去查找一下吧。

梳理"关系图"

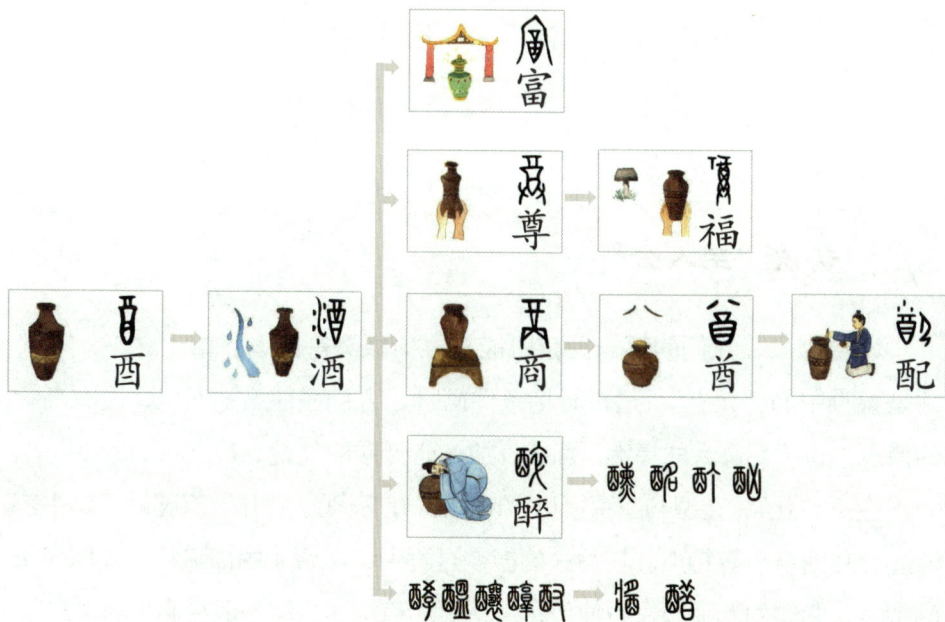

55. 家具鼻祖的"几"

认识"主人公"

　　说到家具，我们的第一反应可能是桌椅板凳等器物。相比之下，"几"才是家具中的"元老"。远古时期条件简陋，人们往往席地而坐，没有高背的椅子，也不用高大的桌案，面前摆放一张低矮的几就足矣。

　　金文"几"，造型与小写字母"n"相似，表现了"几"双腿站立、中部隆起、几面窄小等特点。在后来的演变过程中，保留了中部隆起、几面窄小的特点，两侧的双腿向左右伸展，结构更加稳定，这就是现在通用的"几"。

　　　　　　　　金文"几"　　　　　　楷书"几"

走进"朋友圈"

　　几的用途非常广泛。席地而坐时，放置餐食的几就是餐桌。祭祀天地时，摆放供品的几，就是供桌。金文"奠"，表现的就是在供桌上摆上酒坛、祭祀神灵的场景。在后来的演变过程中，上部的"酉"增加了"倒八头——
〉〈"，变成了"酋"，下部的"几"变成了"大"，组成了现在通用的"奠"。

金文"奠"　　　　　楷书"奠"

　　几案还是摆放典籍书册的地方。这时的几又变身为书桌。金文"典"，
就像是把书册放置在几上的样子。在后来的演变过程中，字形变得更加方
正，但依然能看出"册"与"几"的痕迹。

金文"典"　　　　　楷书"典"

　　几案还可以作为厨房的案板。甲骨文"将"，左侧的"爿"是案板的
象形，右侧的"口"是"肉"的象形，合起来表示将肉放在案板上。不过，
这里的几案右转了90°，变成了竖立的样子。在后来的演变过程中，左侧
的"爿"保留不变，右侧的"肉"变成了上部的"夕"，下部增加了代表手
的"寸"，合起来表示以手拿肉将其放在案板上，意思更加完整了。

甲骨文"将"　　楷书"将"

金文"处",右侧是"几",左侧是一个倚靠着几案休息的人。此刻的他放下手中的工作,难得小憩片刻。因此,"处"的本义是中止、停止。在后来的演变过程中,左侧的"人"变形为"夊",捺画伸展,托举起右侧的"几",上部增加了表音的"虎字头——虍",字形更加完整,这就是繁体"處"。最终经过简化,定型为"夊"与"卜"的组合体。

金文"处"　　楷书繁体"處"　　楷书"处"

随着生活的进步,人类慢慢告别了席地而坐的生活,陆续发明了"杌(wù)""凳"等家具。不过,它们都传承了"几"简单实用的特点,字形中也保留了"几"的部首。而桌椅的出现,已经是汉唐以后的事情了。从"几"到"杌凳",再到"桌椅",它们见证了人类生活起居的变迁,也见证着人类文明的进步。

篆书"杌""凳""桌""椅"

点亮"思维场"

关于上面讲到的"典",还有另外一种解读。上面依然是书册,下面是捧起书册的两只"手",合起来表示手捧经典、手不释卷的意思。对于这两种不同的说法,你倾向哪种,为什么?

梳理"关系图"

56. 辗转反侧的"床"

✦ 认识"主人公"

　　床，在古代是一种坐具。《说文》解读为"床，安身之坐也"。甲骨文"床"是象形文字，左侧的两个"丅"形笔画像床腿，右边的竖画就像平整的床面，合起来组成一张右转90°，笔直而立的"床"，也就是我们通常所说的"爿"的字形。在后来的演变过程中，又在"爿"的右侧增加了表意的"木"，突出了"床"的材质，形成了左右结构的"牀"。最终经过简化，左侧的"爿"变成了"广"，定型为半包围结构的"床"。

甲骨文"床"	楷书繁体"床"	楷书简体"床"

☸ 走进"朋友圈"

　　床是现代人用来睡眠的家具。但在远古时期，无床可用，人们只能打地铺，也就是像"席地而坐"那样"席地而睡"。甲骨文"宿"，上面是表示房屋的"宀"，左下部是侧卧的"人"，右下部是铺在地上用来躺卧的草席，合起来表示躺在席子上睡觉。在后来的演变过程中，"宿"的字形比较稳定，除了右下的草席变成了"百"，其他部件没有变化，沿用至今。

甲骨文"宿"　　　　　楷书"宿"

睡觉的房间又叫"卧室"。金文"卧"，右侧是躺卧的"人"，左侧是表示眼睛的"臣"。之所以引入"臣"的字形，是因为判断入睡与否，眼睛的特征最为明显。在后来的演变过程中，右边的"人"变成了"卜"，加上左侧的"臣"，组成了现在通用的"卧"。

 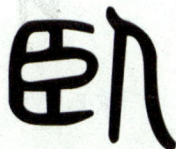 

金文"卧"　　　　　楷书"卧"

入睡以后有时会进入梦境。甲骨文"梦"，由左侧代表"床"的"爿"和右侧躺在床上的"人"组合而成，同时突出了人的眼睛和眉毛，以此表示梦中的经历仿佛亲眼所见、历历在目。在后来的演变过程中，字形几经变化，最终定型为现在通用的上林下夕的"梦"。

金文"梦"　　　楷书繁体"梦"　　　楷书"梦"

甲骨文"妆"与甲骨文"梦"的部件基本相同。"妆"的左边是用来表音的"爿",不过"爿"的朝向发生了变化。"妆"的右边同样是"人",而且是一个对镜梳妆的女子,起到了表意的作用。二者组合,形成了左声右形的"妆"。

甲骨文"妆"　　　　　　楷书"妆"

与"妆"类似的,以"爿"表音的形声字还有很多,比如"壮""状""将""墙"等。后来,"墙"左边的"爿"演变成了表意的"土"。

篆书"壮""状""将""墙"

再回到本节的主题"床"。甲骨文"病",也是由"爿"和"人"组合而成。不过,这里的"人"突出的不是梦中的"眉眼",也不是梳妆的"女子"，而是额头的"汗珠"，表明他的身体虚弱，病得很重。在后来的演变过程中，左右结构的"爿"和"人"，合并成了表意的"疒"，再加上表音的"丙"，组成了半包围结构"病"。

甲骨文"病"　　　　　楷书"病"

几乎所有与疾病有关的字，如"疾""疼""瘟""疫"等，都带有"疒"，它们共同组成了"病"字族。不过，篆书中的"疒"依然写作"爿"。这里的"爿"就是病床的代称了。

篆书"疾""疼""瘟""疫"

点亮"思维场"

看到从坐卧之床到病榻之床的演变，以及"病"字族的字例，都在启示我们一个简单而朴素的道理，身体健康永远是第一位的，也就是人们常说的，健康是"1"，其他的是"0"，"1"没有了，其余一切都要归零。还是那副对联说得好，"但愿世上无疾苦，宁可架上药生尘"。真若如此，"床"也就与"病床"道别,回归它用来睡眠的本来意义。

梳理"关系图"

......

第十章

兵械篇

BINGXIEPIAN

57. 长柄横刃的 "戈"

认识 "主人公"

在从石器时代向青铜时代进化的过程中，一种脱胎于镰刀类工具的新型武器逐渐兴盛起来，这就是在商周和战国时期的车战中大放异彩的 "戈"。甲骨文 "戈" 是象形文字，突出了长柄、横刃等特征。在后来的演变过程中，尽管笔画变得比较抽象，但依然掩饰不住 "戈" 锐利的锋芒和腾腾的杀气。

甲骨文 "戈"　　　　楷书 "戈"

走进 "朋友圈"

"国家兴亡，匹夫有责。" 当战争来临的时候，上至王侯，下至庶民，都要拿起武器，保家卫国。

甲骨文 "武"，上面是代表 "兵器" 的 "戈"，下面是脚掌的象形 "止"，上下两部分组合起来，表示带上武器奔赴前线。在后来的演变过程中，"戈"右下部的撇挪到了左上部，变成了横，再加上左下部的"止"，组成了半包围结构的"武"。

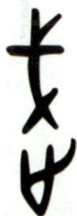

甲骨文"武"　　　　　楷书"武"

　　戈有长柄，便于持握，不论是征战中还是用作仪仗，都得心应手。甲骨文"戒"，就是双手握"戈"，时刻警惕来犯之敌的样子。在后来的演变过程中，位于"戈"两侧的"双手"变成了"廾"，挪到了"戈"的左下部，变成了结构更为紧凑的"戒"。

甲骨文"戒"　　　　　楷书"戒"

　　手持利刃的将士，日夜守卫着祖国的边疆。甲骨文"戍（shù）"，右侧是挺立的"戈"，左下方是站立的"人"，意思是士兵手握武器守卫疆土，也就是戍边。在后来的演变过程中，"人"的捺收缩为点，与"戈"合为一体，形成了现在通用的"戍"。

甲骨文"戍"　　　楷书"戍"

警戒的地点，可以是边疆前哨，也可以是都城四周。金文"或"，由"戈"和代表城墙的"口"组合而成。在后来的演变过程中，"口"字下方增加了象征护城河的横，持"戈"守卫城池的意思更加完整。

金文"或"　　　楷书"或"

不论是战斗还是警戒，在克敌制胜的同时，都要做好自身防护。甲骨文"戎（róng）"，由代表武器的"戈"和代表盔甲的"十"组合而成，既可以进攻，也可以防身，攻防兼备。在后来的演变过程中，"戎"的字形和结构相当稳定，引申为"兵器""军队""战争"的代名词。

甲骨文"戎"　　　楷书"戎"

上述诸字，都是单"戈"与"人"或"物"的组合体。如果"双戈"

组合在一起会是什么字呢？甲骨文"残"，由两把相对而立的"戈"组合而成，意思是自相残杀。在后来的演变过程中，左侧增加了表示残骨、残骸的"歹"，右侧的双"戈"上下罗列，字义更加完整。最终经过简化，上下罗列的双"戈"变成了上下一体用来表音的"戋（jiān）"，再加上左侧表意的"歹"，形成了左右结构的形声字"残"。

甲骨文"残"　　　楷书繁体"殘"　　　楷书简体"残"

随着时代的发展，兵器也在不断更新。以"戈"为基础，把上部的横刃，换成斧头，就变成了"戊（wù）"和"戌（xū）"。"戊""戌"二字字形非常相近，区别在于斧头"刀刃"的弧线，"戊"的刀刃是内凹的，"戌"的刀刃是外凸的。

甲骨文"戊"　　　　　　　楷书"戊"

甲骨文"戌"　　　　　　　楷书"戌"

不论是"戊",还是"戌",都是很有威慑力的武器。金文"威",右上部是一把巨大的兵器"戌",下面是一个蜷缩的女子,在"戌"的震慑下,女子瑟瑟发抖,这就是"威慑""威胁"的"威"。在后来的演变过程中,"女"填充到"戌"左下的空当之中,字形融合得更加紧凑,组成了半包围结构的"威"。

甲骨文"威"   楷书"威"

如果用"戌"的"斧头"击打瓶瓶罐罐,将会散作一地碎片。甲骨文"咸",主体是"戌",左下是代表"器物"的"口",把"戌"抡起来,一斧头落下去,所有器物都会"粉身碎骨、体无完肤","咸"的本义就是"全""都""所有的""一个不漏"的意思。在后来的演变过程中,"戌"与"口"的组合非常稳定,进而衍生出了表示味觉的"咸淡""咸盐"等意思。

甲骨文"咸"   楷书"咸"

"戌"的刀刃相当锋利,不仅擅长砍杀,也善于"砍削"。甲骨文"岁",以"戌"为主体,保留了长柄、斧刀等造型特征,中间的两个横既是装饰物,也是用来区分字义的部件。"岁"的本义是削割,庄稼每年收割一次,引申为年岁之义。时光的脚步匆匆,把中间的两个横变成代表双脚的部件更能表现"日月其迈"的含义，一个是位于"戍"上部的"止"，另一个是穿插在"戍"左下部的类似"少"的部件，这就组成了繁体字"歲"。在后来的简化过程中，变成了"山"和"夕"的组合体，"戍"的痕迹无从辨识了。

甲骨文"岁"　　　楷书繁体"岁"　　　楷书简体"岁"

为了进一步增强"戈"的攻击性，在"横刃"的上方加上刺杀的矛头，就变成了既可以直刺又可以横钩的新式武器"戟"。由于戟的杀伤力巨大，所以金文"戟"由代表肉的"月"与"戈"组合而成。在后来的演变过程中，左侧变成了"十"与"早"的组合体，右侧保留了"戈"的字形，定型为左右结构的"戟"。

金文"戟"　　　　楷书"戟"

点亮"思维场"

在上面的学习中，我们了解到"武"左下部的"止"代表"脚"，表示奔赴前线。另有一种说法是，"止"是停止的意思，与"戈"组合在一起，表示以暴制暴，阻止战争。对此，你怎么理解呢？

梳理"关系图"

58. 利刃之器的"刀"

认识"主人公"

"刀枪剑戟，斧钺钩叉……"说到十八般武艺，打头的就是"刀"。由此可见，"刀"在兵器家族中的地位非同寻常。

甲骨文"刀"是一个象形文字，上面是刀柄，下面是刀身和刀刃，看起来有点像吃西餐的叉子。在后来的演变过程中，外面"S"形的笔画变成了横折钩，加上里面的短撇，组成了现在通用的"刀"。

甲骨文"刀"　　　　　楷书"刀"

走进"朋友圈"

以"刀"为基础，在起笔位置加上一条短横，着重强调"刀柄"这个部位，就是"方"。在后来的演变过程中，变成了字形更加方正的"方"。

甲骨文"方"　　　楷书"方"

　　刀最锋利的部位是刀刃，在这个部位加上个点，起到着重提示的作用，以此表示"刃"。在汉字字理学上，"方"的短横与"刃"的左点，都起到了提示和表意作用，这叫作指事。我们在前面认识的"寸""本""末"等字都是与之类似的指事字。

甲骨文"刃"　　　楷书"刃"

　　说到"刃"，还有一个与之类似的字"勿"。甲骨文"勿"与"刃"仅有一"点"之差。不过，点的含义相去甚远，"刃"的一点是指事，"勿"的两点是象形，表示切割或砍杀时刀刃上溅出的血滴。有人根据切割、血滴这些特征推断，"勿"就是最初的"刎"字。在后来的演变过程中，二者以"刂"为标志区分字形，"刎"专用来表示切割，"勿"引申为表示否定的禁止、劝阻等意思。

甲骨文"勿"　　　楷书"刎"　　　楷书"勿"

如果刀刃砍崩或卷角了，刀的功能就大打折扣，甚至会变成无用的废铁。甲骨文"亡"，以"刀"为基础，在内侧刀刃上加了一笔竖，表示卷刃，成了无用的东西，进而引申为死亡、灭亡的意思。在后来的演变过程中，整体字形右转 90°，内侧笔画变成了"人"，外侧笔画变成了竖折，组成了繁体字"亾"。最终经过简化，"人"进一步演变为"京字头——亠"，与下部的竖折相组合，形成了现在通用的"亡"。

甲骨文"亡"　　　楷书繁体"亾"　　　楷书"亡"

刀的用途广泛。除了用作兵器，还可以用作厨具、纫具、刻具，甚至是刑具。

咱们先来说厨刀。甲骨文"分"，中间是一把菜刀，上部是表示分开的"八"，合起来表示用刀把瓜果分成两半。在后来的演变过程中，"分"的字形相当稳定，上"八"下"刀"的组合沿用至今。

甲骨文"分"　　　楷书"分"

再说纫具。甲骨文"初"，左边是一件将要缝制的衣服，右边是用来裁剪的"刀"，二者组合起来，表示手持剪刀开始做衣服，也就是初始的意思。在后来的演变过程中，左侧的"衣"变成了"衤"，再加上右侧的"刀"，组成了现在通用的"初"。

甲骨文"初"　　　　　楷书"初"

　　说到缝纫，自然少不了丝绸、丝线等物品。古人将"丝"与"刀"穿插组合，形成了"绝"。金文"绝"，左侧是两缕丝线，右侧是一把弯刀，刀刃伸向左侧，将丝线拦腰切断，以此表示断绝之义。在后来的演变过程中，形成了"纟"与"色"的组合体。

金文"绝"　　　　　楷书"绝"

　　接着说刻具。"刻舟求剑"是我们熟知的成语典故，又可写作"契船求剑"，这里的"契"就是"刻"的意思。甲骨文"契"，左边是类似刻痕的"丰"，右边是刻刀，合起来表示用刀雕刻。在后来的演变过程中，"契"的写法有所分化。一种是在下部添加"木"，突出刻木为记的含义；另一种是在下部添加"大"，表示公约、契约等意思。最终在汉字简化过程中，归并为下部加"大"的写法。

甲骨文"契"　　　楷书异体"栔"　　　楷书"契"

刀还可用作刑具。金文"刑",左侧是"井",右侧是"刀",合起来表示持刀守卫在井边,维持取水秩序,避免产生纷争,同时这里的"井"也起到了表音的作用。在后来的演变过程中,左边的"井"变成了"开",右边的"刀"变成了"刂",定型为现在通用的"刑"。

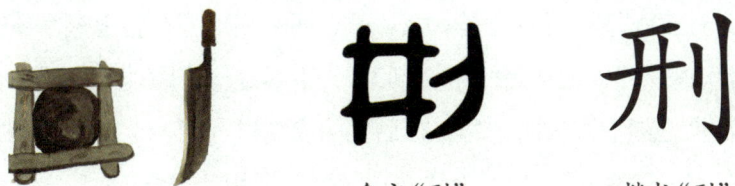

金文"刑"　　　　楷书"刑"

"刑"的本义是惩治。远古时期,刑刀是用来对犯人或奴隶进行惩罚的工具。古人根据刑刀的模样,创造了象形字"辛",上部是刀刃,下部是刀柄。在后来的演变过程中,变成了"立"与"十"的组合体,定型为现在通用的"辛"。

甲骨文"辛"　　　　楷书"辛"

甲骨文"辟",左边是一个被捆绑跪地的犯人,右边是刑刀的象形,合起来表示用刑刀对犯人施刑。金文"辟",左下部增加了"口",表示行刑之前在宣布罪状和判决结果,意思更加完整清晰。在后来的演变过程中,左下的"口"保持不变,左上的"人"变成了"尸",右侧的刑刀变成了"辛",组成了左右结构的"辟"。

甲骨文"辟"　　　金文"辟"　　　楷书"辟"

在奴隶社会,不论男奴还是女奴,都会面临用刑刀在脸上刻字或毁容的惩罚。甲骨文"妾",上面是一把"刑刀",下面是一个跪地的女子,合起来表示,在她脸上刻下奴隶的记号。在后来的演变过程中,上部的"刑刀"省写为"立",与下部的"女"组合,形成了现在通用的"妾"。

甲骨文"妾"　　　　　楷书"妾"

甲骨文"竟",上部也有一把刑刀,下部是"人",中间的"口"代表施刑的部位是头部。施刑结束的时刻,就是"竟",意思是完毕、终了。在后来的演变过程中,上部的刑刀省写为"立",中部的"头"变成了"日",下部的"人"变成了"儿",定型为现在通用的"竟"。

甲骨文"竟"　　　　楷书"竟"

 点亮"思维场"

　　"刀"字族是汉字家族中的一大支系。在演变过程中，以"刀"为部首的字，主要分化为三种类型。一种是继续保留"刀"的原形，如"分""剪""劈"等；另一种变形为"立刀旁"，如"割""刻""刺"等；还有一种由刑刀"辛"变成的"立字头"，如"童""妾""竟"等。

篆书"分""剪""劈"

篆书"割""刻""刺"

篆书"童""妾""竟"

梳理"关系图"

59. 斩木为兵的"攴"

秦朝末年，朝廷大举征兵去戍守渔阳，陈胜被任命为带队的屯长。队伍行至蕲（qí）县大泽乡时，遭遇大雨延误行期，为摆脱按秦律误期到达会被处斩的命运，陈胜一行"斩木为兵，揭竿为旗"，发动了中国历史上第一次大规模的农民起义。"斩木为兵，揭竿为旗"的意思是拿起树枝做武器，举起竹竿当旗帜。

甲骨文"攴（pū）"，上部类似"T"形的笔画是树枝的象形，下部的"又"是拿着树枝的手，合起来表示手拿树枝进行击打。在后来的演变过程中，树枝变形为"卜"，起到了表音的作用，"手"的写法有所分化，一种是继续写作"又"，与"卜"组合，形成了上下结构的"攴"；另一种是变形为"扌"，与"卜"组合，形成了左右结构的"扑"。

甲骨文"攴"　　　楷书"攴"　　　楷书"扑"

走进"朋友圈"

上下结构的"支"常用作表意的部首。篆书"敲",是由左边表音的"高"和右边表意的"支"组成的形声字。敲的动作看似简单,手臂一抬一落即可完成。但情境不同,意思有别,力度也不同,比如"敲门""敲钟""敲锣打鼓",就是一组力度由弱到强的词语。如果反复斟酌,就是"推敲";如果虚张声势,采用威胁的手段使对方产生恐惧,进而非法占有对方的财物,就是"敲诈勒索"。

篆书"敲"　　　　　楷书"敲"

上文讲到的"敲锣打鼓",是一种烘托热闹喜庆氛围的庆祝方式。甲骨文"鼓",左边是手握鼓槌的"支",右边是鼓的象形,中间的"曰"代表圆形的鼓面,合起来表示用力击鼓的情景。在后来的演变过程中,左右两部分的位置进行了互换,"支"变成了"支",定型为现在通用的"鼓"。

甲骨文"鼓"　　　　　楷书"鼓"

"支"的对象可以是物体,如上面讲到的"敲钟""击鼓"等,有时对象也会是人。甲骨文"役"，左侧是一个弓背劳作的"人"，右边是手持棍棒的"攴"，合起来表示受人驱使从事劳役。在后来的演变过程中，左边的"人"变成了"亻"，右边的"攴"变成了上"几"下"又"的"殳（shū）"，定型为现在通用的"役"。

甲骨文"役"　　　　　楷书"役"

甲骨文"更"，上部是表音的"丙"，下部是表意的"攴"。合起来表示，手拿木棍或鞭子，敲打或击打对方，使之发生改变。因此，"更"的本义就是更改、改变。在后来的演变过程中，"丙"与"攴"交叉融合，形成了现在通用的"更"。

甲骨文"更"　　　　　楷书"更"

与"更"类似的是"改"。甲骨文"改"，左边是一个跪在地上的孩子，突出了孩子圆圆的脑袋和盘曲的身体；右边是用来训诫的"攴"，希望他能改正过错。在后来的演变过程中，左边的"子"变成了"己"，右边的"攴"变成了反文旁的"攵"，定型为现在通用的"改"。

甲骨文"改"　　　　　楷书"改"

"更""改"二字是古时棍棒管教的具体体现,通过"攴"的击打,使人守规矩。除棍棒管教,古时还有更为严厉的管制措施。篆书"收",左边是代表绳索的"丩(jiū)",右边是表示击打的"攴",合起来就是用绳索捆绑,用棍棒驱使,也就是拘捕、羁押的意思。

篆书"收"　　　　　楷书"收"

使用棍棒、绳索等手段驱使、教训、惩戒他人时,难免会使受诫人出现流血等伤痕累累的情况。金文"攸",左侧是"人",右侧是"攴",中间是经受抽打后溢出的血滴。在后来的演变过程中,左边的"人"变成了"亻",中间的血滴变成了短竖,右边的"攴"变成了"反文旁——夂",最终定型为现在通用的"攸"。

金文"攸"　　　　楷书"攸"

在汉字演变过程中，"改""收""攸"右侧的"攴"都变成了更为简练的"攵"，也就是我们通常所说的反文旁。尽管写法有所变化，但意思是一致的。这类"攵"字族的字还有不少，如"教""攻""放""牧"，等等。

篆书"教""攻""放""牧"

💡 **点亮"思维场"**

我们在《天象篇》中已经知道了"月"和"夕""肉"、"小"和"少"等同源不同义的现象。在这一讲中，我们又了解了"攴"与"扑"、"攴"与"攵"等同源同义的现象。在汉字家族中，类似同源同义的字例还有不少，如"首"与"页"、"疋（shū）"与"足"、"糸（mì）"与"丝"，等等。感兴趣的话，可以继续梳理探究。

梳理"关系图"

   攻 项 败 牧 ……

60. 就地取材的"干"

认识"主人公"

　　远古时期生产力低下，人类所能制造和使用的工具非常简单，往往是就地取材，稍稍加工即可，如树杈就常被用作狩猎工具。

　　甲骨文"干"，是树杈的象形，树杈既可以作为一种简易的捕猎工具，也可以作为打斗的武器，用树杈卡住对方，达到一招制敌的功效。在后来的演变过程中，"干"的字形变得更加方正平直。

甲骨文"干"　　　　　楷书"干"

走进"朋友圈"

　　为了进一步增加"干"的攻击性，古人又在树杈上绑上石块，形成了杀伤力更强的武器"单"。甲骨文"单"，就是树杈和石块的组合体。

甲骨文"单"　　　　　　楷书"单"

前文讲到甲骨文"兽"是把"单"和"犬"组合起来，繁体写作"獸"，意思是狩猎。在后来的演变过程中，字形有所分化。一是由狩猎这层意思衍生出左"犬"右"守"的形声字"狩"；二是表示狩猎对象的"獸"，省却了右边的"犬"，简化为现在通用的"兽"。

獸

楷书繁体"兽"

狩

甲骨文"兽"　　　　　楷书简体"狩"　　　　　楷书简体"兽"

我们在前面讲过，"戈"是一种杀伤力很强的武器，它的出现，使战争变得更加残酷和激烈。金文"战"，就是"单"和"戈"两种武器的组合体。在后来的简化过程中，左侧的"单"变成表音的"占"，与右边的"戈"组合，形成了左声右形的"战"。

金文"战"　　　　　楷书繁体"战"　　　　　楷书简体"战"

点亮"思维场"

在这一讲中，我们认识了"干"及其相关的汉字，知道干是一种简单的进攻性武器。其实，干还是一种防守性武器，它又是谁呢？小提示：查找"大动干戈"这个成语并弄懂它的含义，答案也就浮出水面了。

梳理"关系图"

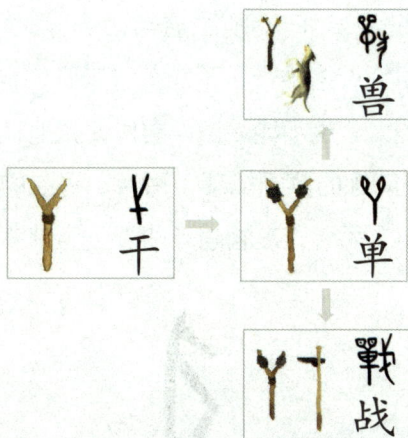

61. 张弛有度的"弓"

俗话说:"文武之道,一张一弛。"这句话告诉我们,不论是治国安邦,还是工作学习,都要讲究劳逸结合,不能太过紧张,也不能太过松弛。就像拉弓射箭时,弓弦不能太紧也不能太松,要讲究张弛有度。

甲骨文"弓",用简练的笔画描摹了弓背、弓弦的外形特征。在后来的演变过程中,字形突出了弓背,笔画回环曲折,仿佛蓄势待发,充满张力。

甲骨文"弓"　　　　　　楷书"弓"

走进"朋友圈"

杜甫有诗曰:"挽弓当挽强,用箭当用长。"当把弓弦拉紧拉满的时候自然能量十足,这样的两把弓放在一起就是"弜(jiàng)"。反之,弓弦松弛的两把弓放在一起就是"弱"。篆书"弱",以"弜"为基础,在两个"弓"

的左下角分别添加了表示松弛的"彡"。在后来的演变过程中，"彡"变成了"冫"，定型为现在通用的"弱"。

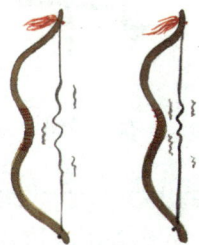 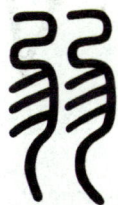 

篆书"弱"   楷书"弱"

　　甲骨文"引"是独体字，以"弓"为主体，又在弓背上增加了一个类似钩子的东西，表示用它作抓手可以把弓拉开。这就是古人所说的"引，开弓也。"在后来的演变过程中，"弓"作为主体保留在左侧，钩子变成了右侧的竖画"丨"，形成了左右结构的"引"。

甲骨文"引"   楷书"引"

　　弓弦之上可以搭箭矢，也可以放弹珠。金文"弹"，以"弓"为主体，弓弦中部的圆圈是弹珠的象形。在后来的演变过程中，"弓"作为主体保留在左侧，右侧添加了表音的"单"，形成了左形右声的"弹"。

金文"弹"　　　　　楷书"弹"

"文武双全",常用来夸赞能文能武、智勇双全的人。金文"彦",上部是代表"文采"的"文",下部是代表武功的"弓",中间是表音的"厂",合起来表示文武兼修,才德出众。在后来的演变过程中,除了中间的"厂"保持不变,上部的"文"和下部的"弓"均有所变化,定型为现在通用的"彦"。

金文"彦"　　　　　楷书"彦"

除了用作武器之外,"弓"还可以用来丈量土地。甲骨文"疆",左侧是以弓计步的"弓",也就是用弓来计算距离;右侧是两个"田",表示田地的边界清晰明确,合起来的意思是丈量土地,划分田界,引申为"疆界""疆域"等意思。在后来的演变过程中,"疆"的左下部增加了表意的"土",右侧增加了代表边界的三条横,疆土、疆界的意思更加完整清晰了。

甲骨文"疆"　　　　楷书"疆"

点亮"思维场"

在冷兵器时代，弯弓射箭是一项重要本领。早在先秦时期的周朝，射箭就被列入"六艺"之一。《三国演义》中有吕布"辕门射戟"的经典片段，《射雕英雄传》中有郭靖"一箭双雕"的精彩描写。如果你感兴趣的话，可以找来读一读。

梳理"关系图"

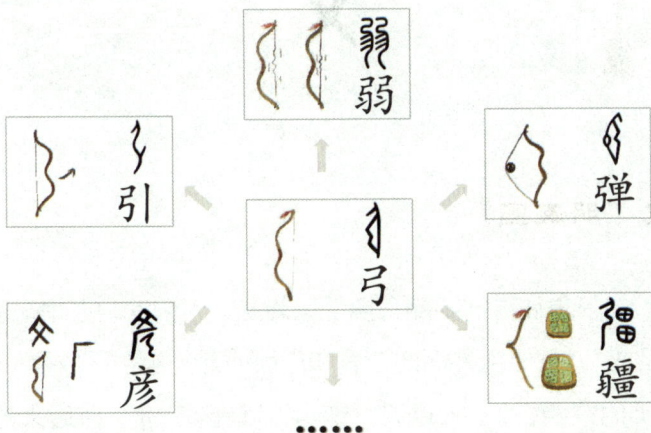

......

62. 离弦之箭的 "矢"

认识 "主人公"

上一讲，我们认识了 "弓"。这一讲，咱们再来说说它的好搭档 "箭"。

箭又被称作 "矢"。甲骨文 "矢" 形象地表现了 "箭" 的外形特征，自上而下分别是剪头、箭杆和箭尾。在后来的演变过程中，上部的笔画变得更加平直，下部的 "撇捺" 变得更加伸展，定型为现在通用的 "矢"。

甲骨文 "矢"　　　　楷书 "矢"

走进 "朋友圈"

行军打仗，箭矢往往需要随身携带。为此，人们发明了用来盛放箭矢的箭囊。金文 "函"，就是由外面的箭囊和里面的箭矢组合而成的，引申为匣、套、信件之类的东西，如 "石函" "镜函" "信函" 等。在后来的演变过程中，字形变成了 "丞（zhěng）" 和 "凵" 的组合体，也就是半包围结构的 "函"。

金文"函"　　　　　楷书"函"

　　盛放箭矢的器具不止一种。与"函"类似的，还有"备"。甲骨文"备"，主体也是盛箭的器具及其里面的箭矢。与甲骨文"函"的不同之处在于，一是增加了身背箭矢的"人"，二是箭矢的数量由一支变成了两支，当然这是虚指，以此代表许多支箭。由于箭矢的数量充足，进而引申出齐备的意思。在后来的演变和简化过程中，"备"的字形变化很大，最终定型为上"夂"下"田"的"备"。

甲骨文"备"　　　　楷书"备"

　　甲骨文"晋"，同样是由箭矢和箭筒组合而成的。二者组合，旨在突出箭矢插入箭筒的动作，本义是"插"，这是带"扌"的"揩"的本字。在后来的演变过程中，下部的箭筒变成了"日"，上面的箭矢指向太阳，合起来表示追着太阳前进。以"矢"为代表，也就有了"日出，万物进"的含义，由此衍生出前进、晋升、晋级等意思。最终，上部的箭矢合并成"亚"，与下部的"日"相组合，形成了现在通用的上下结构的"晋"。

楷书"揩"

甲骨文"晋"   篆书"晋"   楷书"晋"

　　"弓开如满月，箭去似流星。"把箭矢搭在弓背上，用力拉动弓弦，当力量拉满时松开手，箭矢就会"嗖"的一声射出去。金文"射"，左边是"弓"和"矢"的组合体，右边是拉弓的手，形象地表现了人拉弓射箭的样子。在后来的演变过程中，"弓""矢"融为一体，变成了"身"，右侧的"手"变成了"寸"，组成了左右结构的"射"。

金文"射"   楷书"射"

　　箭矢发射出去之后，总有射中目标或应声落地的时候。甲骨文"至"，上面是箭头朝下的"矢"，下面是代表目的地的"一"，合起来表示落地、到达等意思。我们常用的"宾至如归""纷至沓来""无微不至"等成语，其中的"至"就是这层意思。

甲骨文"至"　　　　楷书"至"

唐人卢纶有诗曰："林暗草惊风，将军夜引弓。平明寻白羽，没在石棱中。"这首诗以箭头没入石棱之深，表现了将军勇武之力。甲骨文"寅"，由"矢"和代表箭靶的"圆圈"组合而成，箭矢穿过靶心，说明射得很深。进而由长度之深引申为时间之深，也就是表示深夜的"夤"。后来，以有无"夕"为标志区分二者的字形，各表其意。再后来，"寅"多用作生肖和地支，如"寅虎""寅时"等。

甲骨文"寅"　　　楷书"夤"　　　楷书"寅"

古人在狩猎时常会用到箭矢。甲骨文"彘"表现的就是射中野猪的情景。在后来的演变过程中，整个字形向左旋转了90°，变成了字形比较复杂的"彘"，字义也从射中野猪变成了射中的对象——野猪。

甲骨文"彘"　　　　楷书"彘"

　　除了狩猎，箭矢还是冷兵器时代极具杀伤力的武器。《三国演义》中，关羽之所以刮骨疗毒，就是因为被毒箭射中了肩膀。甲骨文"疾"，表现了一只冷箭从肋下直刺腋窝的情景，此处紧邻心脏，暗示伤势严重，甚至有性命危险。因此，"疾"的本义就是受伤、生病。在后来的演变过程中，"箭矢"的"矢"被完整保留下来，再加上表意的"疒"，组成了现在通用的半包围结构的"疾"。

甲骨文"疾" 　　　　　　楷书"疾"

　　"疾"还有迅疾的意思，成语"离弦之箭"说的就是疾如闪电、飞速而至的箭矢。古人结合"矢"的这个含义，创造了"知道"的"知"。篆书"知"，是由"矢"和"口"组成的会意字，意思是对于熟知的事物能够脱口而出、对答如流，反应之敏捷如同箭矢一般迅疾而至，表明"知道"的内容已经烂熟于胸。这正是"识敏，故出于口者疾如矢也"。

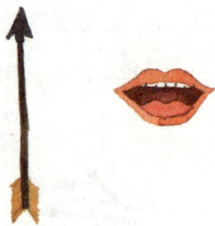  

篆书"知" 　　　　　　楷书"知"

点亮"思维场"

在这一讲中，我们了解了"射"的造型及其含义。关于"射"的字理还有另外一种解读，说是"射"与"矮"的字义搞反了。"射"由"身""寸"二字构成，说明个头不高，正是"矮"的意思。"矮"由"矢""委"二字组成，"委"代指"倭寇"，用"矢"攻击"倭寇"，正是"射"字。对于这种说法，你怎么看？

梳理"关系图"

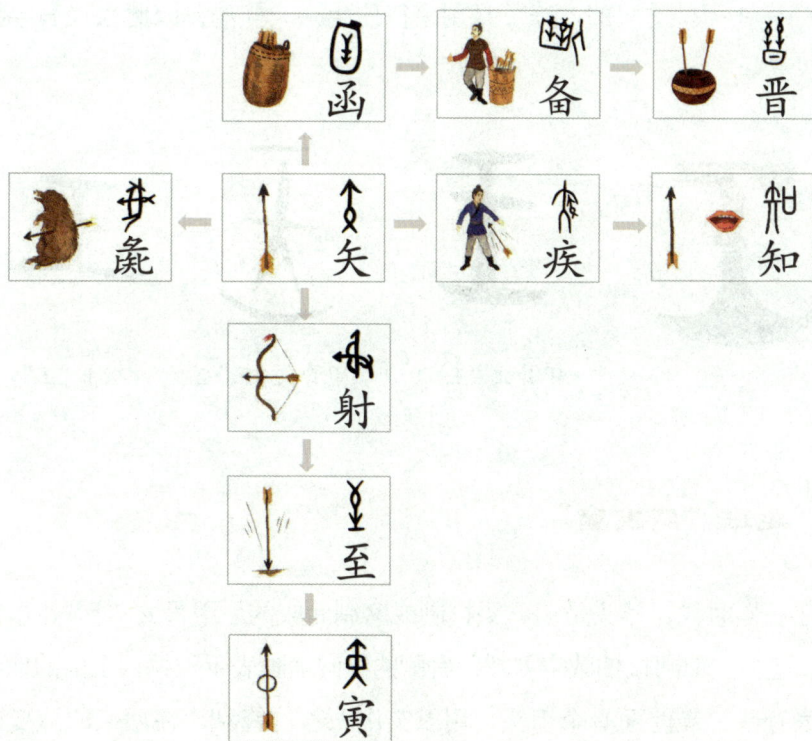

63. 象征王权的"斧"

认识"主人公"

甲骨文"王"有两种写法，一种是与现在写法接近的三横一竖。另一种写法是大斧的象形，上面的一横像斧柄，下面的"弧线"代表斧头最锋利的部位——斧刃。这里的"斧"是用来行使生杀大权的，以此来代表手握重权的"王"。

甲骨文"王"1　　甲骨文"王"2　　楷书"王"

走进"朋友圈"

在石器时代，斧头是用石头打制或磨制而成的。甲骨文"斤"，本义是石斧，造型类似阿拉伯数字"7"，右侧的纵向笔画表示斧柄，上部的横向笔画代表斧头，最前面有个箭头，用以突出石斧的锋利。在后来的演变过程中，字形变得更加平直方正，定型为现在通用的"斤"。

甲骨文"斤"　　　　楷书"斤"

　　甲骨文"斧"，以表意部件"斤"为基础，在左侧添加了表音的"父"（以"手持石块劳作"表意，本义是从事劳动的男子），二者组成了左右结构的形声字"斧"。在后来的演变过程中，"父"和"斤"的位置发生了变化，组成了现在通用的上下结构的"斧"。

甲骨文"斧"　　　　楷书"斧"

　　甲骨文"新"，右侧依然是代表斧头的"斤"，左侧是代笔刑刀的"辛"。这两种锋利的兵器在组成"新"的时候各有分工，"辛"是用来表音的，"斤"是用来表意的，二者组合形成了左声右形的"新"。"新"的本义是用斧头砍伐木柴，也就是"伐薪"的"薪"。后来，以有无"艹"为标志，区分"新"与"薪"的字形和字义。"新"不再表示砍伐，演变为表示"新旧"的"新"。

甲骨文"新"　　　楷书"薪"　　　楷书"新"

　　"以斧伐薪"是古人日常生活的常态。"伐薪"的动作可分为"纵劈"和"横砍"两种。在甲骨文中，纵劈的叫"析"，由"木"和"斤"组合而成，表现了用力劈开的景象。横砍的叫"折"，由两截木头和"斤"组合而成，表现了一刀两断的景象。在后来的演变过程中，"析"的字形相当稳定，沿用至今；"折"的左边变成了"扌"，与"斤"组合，形成了现在通用的"折"。

甲骨文"析"　　　　　　楷书"析"

甲骨文"折"　　　　　　楷书"折"

　　像"新"这样，以"斤"表意的汉字还有不少，如"斫""所""断"等，它们同属于"斤"字族，但意思有别。具体说来，"斫"，是用斧头砍削的动作；"所"，是用斧头伐木时发出的声音；"断"，是用斧头把丝帛等长条形的东西拦腰截断。

篆书"斫""所""断"

💡 **点亮"思维场"**

　　在这一讲的开头，我们谈到"斧"是重要的兵器。古典小说中，有不少手持大斧的英雄好汉，如《隋唐演义》中的程咬金、《水浒传》中"黑旋风"李逵、《杨家将》中孟良……他们都不约而同地选择了"斧"这种兵器，这与他们的脾气性格有没有关系呢？你想过其中的原因吗？感兴趣的话，赶紧研究一下吧！

🔍 **梳理"关系图"**

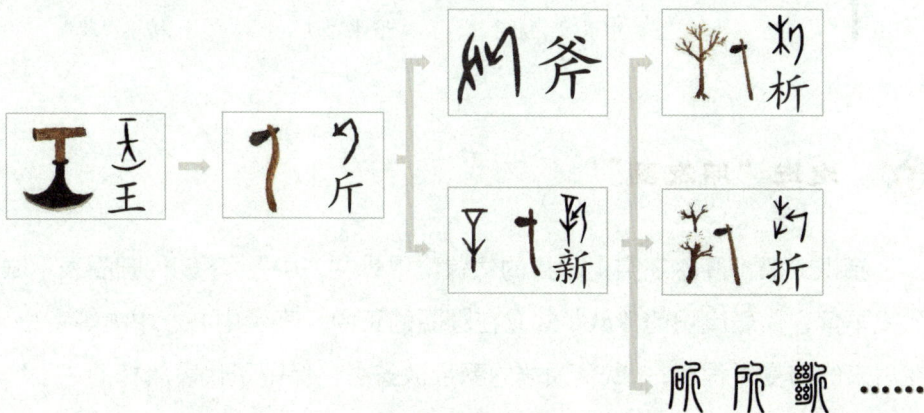

64. 旌旗飘扬的"㫃"

旗帜代表着组织或团队的形象。甲骨文"旗"是象形文字，最初写作"㫃（yǎn）"，是"旗杆"和"旗子"的组合体。在后来的演变过程中，"㫃"变成了表意的部件，右下部又增加了表音的"其"，组成了现在通用的形声字"旗"。

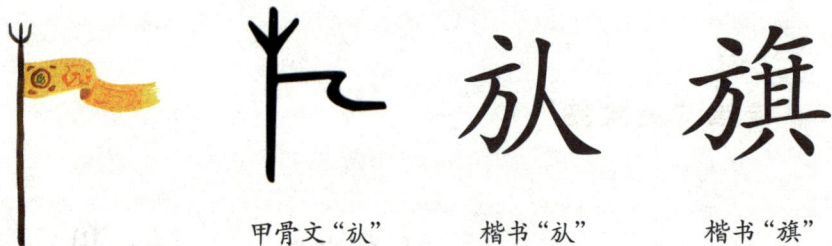

甲骨文"㫃"	楷书"㫃"	楷书"旗"

走进"朋友圈"

旗帜一般都高悬在突出醒目的位置。甲骨文"中"，下部的圆圈表示城池或军营，代表旗帜的"㫃"耸立在圆圈的正中，表示中心、中央等意思。在后来的演变过程中，"㫃"顶端的飘带被省去，保留了代表旗杆的"丨"，下部的圆圈挪到了中间，变成了方正的"口"，二者组合，形成了现在通用的"中"。

甲骨文"中"　　　　楷书"中"

　　旗杆的顶部，有时会装饰上漂亮的羽毛，旗帜会显得更加华丽醒目。这种加了羽毛的"旗"，就是以㫃表意、以生表音的"旌"。有些旗子顶部装饰的不是羽毛，而是牦牛的尾巴，这就是以"㫃"表意、以"毛"表音的"旄"。

篆书"旌"　　　　楷书"旌"

金文"旄"　　　　楷书"旄"

　　甲骨文"游"，是表示旗手的"子"与代表旗帜的"㫃"的组合体，意思是旗手擎着旗帜不停地挥舞，旗帜迎风飘扬，仿佛在游动。在后来的演变过程中，左侧又增加了表意的"氵"，突出了在水中游动的意思，字形更完整，意思更生动。

甲骨文"游"　　　　楷书"游"

在旗帜的引领下，将士们集结成出征队伍，这就是军旅的"旅"。甲骨文"旅"，左上部是"㫃"，右下是代表士兵的两个"人"，形象地再现了将士们在㫃下集结成军的样子。在后来的演变过程中，"㫃"的字形保持不变，代表士兵的两个"人"合为一体，组成了现在通用的"旅"。

甲骨文"旅"　　　　楷书"旅"

俗话说："打虎亲兄弟，上阵父子兵。"甲骨文"族"，左上部是"㫃"，右下是代表武器的"矢"，合起来表示同一家族或宗族的人团结在旗帜下同仇敌忾、协同作战。这里的"矢"兼具箭镞之意，侧面起到表音的作用。在后来的演变过程中，"族"的字形相当稳定，保持不变，沿用至今。

甲骨文"族"　　　　楷书"族"

古人在出征之前，往往要举行祭旗仪式。甲骨文"祈"，上部是代表旗帜的"认"，下部是代表武器的"单"和"斤"，合起来表示在军旗下祈祷，希望军队旗开得胜、所向披靡。在后来的演变过程中，字形有所简化，形成了"礻"和"斤"的组合体。

甲骨文"祈"　　　　　楷书"祈"

俗话说："鞭敲金镫响，齐奏凯歌还。"战争取得胜利后，军队会吹奏着胜利的乐曲归来。甲骨文"旋"，由"认"和"足"组合而成，表示在旗帜的引领下，荣归故里，这就是凯旋的"旋"。在后来的演变过程中，"认"的字形保持不变，右下变成了同样表示"足"的"疋"，定型为现在通用的"旋"。

甲骨文"旋"　　　　　楷书"旋"

点亮"思维场"

伴随着"凯旋"的"旋"，我们的"汉字'朋友圈'之旅"也圆满结束了。我们在其中结识了许多汉字朋友，了解了他们的字理渊源和发展脉络。

不过，对于博大精深的汉字文化来说，这只是冰山一角。在今后的学习中，我们既要"温故而知新"，又要"行之贵日新"，在"力学力耕，日新又新"中，弘扬汉字文化，传承中华文明！

梳理"关系图"

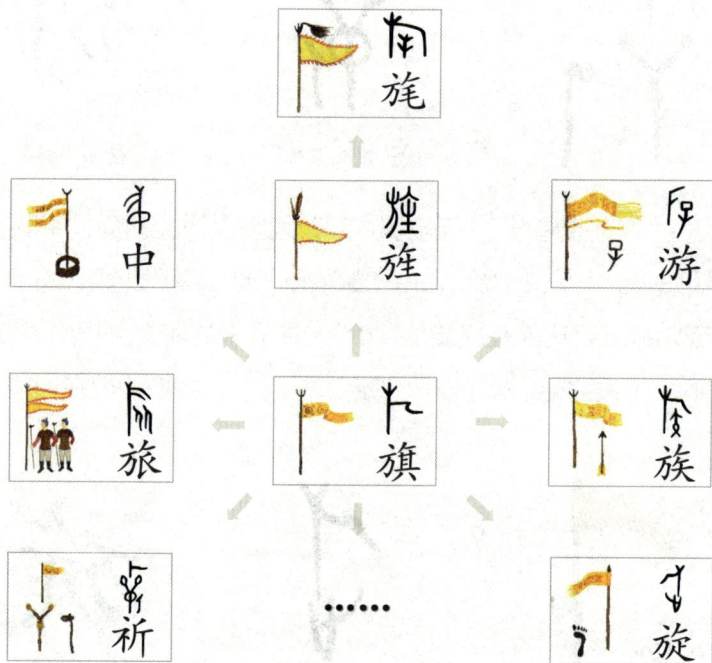

后　记

子曰:"逝者如斯夫,不舍昼夜。"

2023年春节,贺岁片《满江红》连同岳飞的这首词"一炮走红"。词中写道:"三十功名尘与土,八千里路云和月。莫等闲,白了少年头,空悲切。"岳飞以词言志,已届而立之年的他,整日里驰骋疆场,虽成就了些许功名,但如同尘土微不足道。他立志要惜时如金,枕戈待旦,直捣黄龙,收拾旧山河,方不负平生所愿。

1993年7月,不满十八周岁的我从淄博师范学校毕业后留校任教于附属小学,而后于2014年调入北京,至今已经在三尺讲台上耕耘了三十个年头。岁月倥偬,时不我待,去日良多,感慨亦良多,套用岳飞的词句,就是"三十功名尘与土,八百里路齐与燕。倏忽间,可怜白发生,知天命"。

古人讲:"三十年为一世。"意思是说,人到三十岁,正值壮年,娶妻生子。再过三十年,子又生孙。大抵三十年就是一世,这是父子相继、世系更迭的生命周期。就我的从教生涯而言,卅年时光,弹指一挥间,当年的那个毛头小伙已然到了即将"知天命"的年纪。

当此之际,回首过往,一万余日所成何事?只有匆匆罢了。往事如烟,又留下些什么痕迹呢?从"三立"的角度看,不敢奢望"立德立功",仅就"立言"来说,已有三卷拙作陆续问世:一是2010年,将自己亲历课改的点滴收获,集结为《小语微尘》。二是2020年,将深耕课堂的教学成果,结集为《小学语文组串式教学课例研究》。三是近年来专注于汉字教育,形成"字谱识字"六十四讲,结集为《探秘"汉字朋友圈"》。或问,成书三册,所为者何？答曰，孤芳自赏也好，敝帚自珍也罢，抛砖引玉也好，贻笑大方也罢，皆可。留此浅浅屐痕、点点泥爪，致敬过往，相约未来，自得其乐，足矣。

《探秘"汉字朋友圈"》成书过程中，我的老乡、中央美术学院版画系研究生、青年艺术家纪斐，友情支持、倾力合作，她夜以继日、精益求精，手绘彩色插图四百余幅，为该书增色不少。南宁师范大学黄亢美先生等专家学者给予了悉心指导，让我受益良多。我的家人慷慨解囊、倾力支持，各界朋友热情鼓励、热切期许……诸多善缘汇聚于此，方有今日得以付梓。在此，一并深表谢忱！

孟　强
二〇二三年元月

附

"汉字朋友圈"字谱清单

章目	节次	1	2	3	4	5	6	7	8	9	10	11	12	13	14	15	16	17	18	19	20	21	22	23	24	小计
第一章	1	人	大	天	立	井	卬	化																		5
	2	从	比	北	仔	仔	卬	化																		7
	3	舞	亦	夜	爽	夹																				7
	4	介	免	即	既	乡	众	屏	尧	亮		竟														11
	5	子	幼	夫	学	男	邑																			6
	6	女	姜	奴	委	妾	好																			6
第二章	7	身	包	孕	巴		事		巨	丞			舆													4
	8	手	采	桑	秉	兼	受	爱	承	握		兴	搬	模	扑	捧	扶									8
	9	友	拜	共	弄	异	史	取	抓	近	希	拾	造	逐												12
	10	兵	戍	争	及	伻	央	行	远	历	挑	退														16
	11	足	止	昝	采	走	奔	后	先		进			跃	迅	速										15
	12	出	之	住	各	正	前	跳	踢	踢	跨		蹦													9
	13	步	陟	峰	韦	卫	跑																			13
	14	發	髮	登	袭	捉																				5
	15	寸	只	思	寻	常	切			旨																6
第三章	16	口	兄	齿	古	言	曰	今	甘	旨																9
	17	欠	吹	歌	饮	盗	如																			5
	18	今	命	司	君	兄	取	如																		6
	19	耳	聂	听	闻	圣	看	聪	馘	瞿	臧	民														8
	20	目	面	冒	曹	见	望	监	瞿																	11
	21	鼻	臭	罪	边	髭	额	须	冉	那	而	耐														4
	22	眉	媚	发	鬓	顶	颂	颇	颛	颜	县															11
	23	首	页	夏	须	莫	昏	旨	旬	时																10
第四章	24	日	旦	朝	杲	暮	昏	杳	夙	明																9
	25	月	明	昌	间	囯	夜	外	腿	脚		背														9
	26	夕	名	肉	有	多	肝	胆	肝		脊	胃	胃	肾												13
	27	星	参	雷	集	飞	尘																			6
	28	风	飕	飑	飘	凤																				5
	29	雨	霖	雷	霏	零	雯	云	雾	露	霜	雪	雹	霰												13

Chinese character (生字) index table — chapters 5–10, lessons 30–64.

Top row = character count per lesson; bottom = lesson number; below that = chapter. Characters in each lesson column are read top-to-bottom.

章	课	字数	生字（自上而下）
第五章	30	17	洋 海 泊 湖 江 流 溪 普 渊 州 梁 沈 涉 淄 邑 川
	31	6	仙 岛 岷 岳 丘 山
	32	9	然 炙 灸 灰 光 赤 焦 主 火
	33	6	男 甫 幽 苗 田 略
	34	6	采 坐 埋 垂 圭 土
	35	17	琶 瑟 琴 珏 璃 珊 瑚 玳 玛 珍 望 坐 玉 王
	36	4	璧 环 珍 王
第六章	37	22	菇 蘑 藕 莲 葡 萝 荔 蓉 袤 莫 葬 栗 香 茁 苗 叶 本 秀 齐 草
	38	18	柚 桐 柏 松 柳 杨 枣 乘 厌 叶 本 秀 朱 年 米 木
	39	6	学 争 牟 米 禾
	40	7	杂 集 益 病 差 麦
第七章	41	16	夺 备 只 双 罗 习 器 盖 益 飞 雀 昊 普 物 隹
	42	11	献 离 厌 群 羡 兽 莫 犯 笑 义 大
	43	10	羞 然 群 羡 义 美 争 善 羊
	44	5	牟 解 麓 庆 牛
	45	5	尘 麋 丽 鹿
第八章	46	9	余 岩 崖 石 各 出 六
	47	19	宾 宝 宁 富 安 宣 宫 巢 宗 家 客 向 问 关 开 亭 京 高 亠
	48	10	灾 木 扁 引 片 户 门
	49	4	亭 京 高
第九章	50	7	员 登 则 贞 负 鼎
	51	6	丰 盐 血 诀 陶 豆
	52	10	盆 盅 盘 益 尊 陶 皿
	53	5	罐 缸 富 典 缶
	54	20	醇 墙 福 处 妆 戌 商 酉
	55	7	几
	56	14	梦 成 卧 宿 床
第十章	57	13	醋 酱 耐 醇 酿 酣 酪 醉 配 盅 酉
	58	23	宽 姿 童 刻 割 剧 剑 剪 劈 分 刑 契 戊 戒 刀
	59	12	鼓 善 兽 攴
	60	4	单 弱 引 干
	61	6	弹 彦 疆 弓
	62	10	射 晋 斧 至 知 矢
	63	9	新 斤 折 析 王
	64	9	旋 族 旗 游 旅
	合计	611	